기후 위기와 감염병으로 읽는
남북한 교류 협력 이야기

기후 위기와 감염병으로 읽는
남북한 교류 협력 이야기

대북협력민간단체협의회·엄주현 지음

통일부
국립통일교육원

일러두기

• 이 책은 통일부 국립통일교육원과 열린책들이 함께 기획·제작했습니다.

• 이 책은 평화·통일 교육 참고 자료로 활용하기 위해 외부 전문가에 의해 제작된 것으로, 통일부의 공식 견해가 아님을 밝힙니다.

한반도 기후 위기를 넘는 방안 중 하나, 남북 교류 협력

2020년 코로나19 팬데믹은 발생 전과 후 시기를 나눌 만큼 현시대를 살아가는 우리에게 큰 충격을 안겼다. 이는 기후 위기가 우리 삶에 얼마나 가까이 와 있는지 확인하는 사건인 동시에, 기후 위기와 감염병의 연동을 기정사실화하는 계기였다. 이제 우리는 모든 분야와 관련된 사회 현상에서 기후 위기를 빼놓고 설명할 수 없는 시대에 살고 있다. 북한과 연계된 사안에서도 마찬가지다.

남한과 북한은 1995년 이후 대북 인도적 지원을 시작으로 교류 협력을 펼쳐 왔다. 그 과정에서 핵 실험, 5·24 조치, 개성공단 폐쇄 등 많은 우여곡절을 겪으며 2017년까지 남북 관계는 악화일로에 있었다. 2018년 세 차례 남북 정상 회담을 추진하며 남북 교류 협력이 재개되는가 싶었으나

2019년 2월 북미 정상 회담 합의 실패 이후 현재까지 남북 교류 협력은 완전히 중단 상태다. 특히 2020년 코로나19로 북한은 국경 봉쇄는 물론 자국민조차 입국을 불허하는 조치를 현재까지 이어 오고 있다. 3년 동안 완전한 단절로 인해 남북 교류 협력 최전선에서 활동하던 대북 민간단체도 움직임을 멈출 수밖에 없었다.

하지만 현재 남북 관계의 멈춤은 일시적일 수밖에 없다. 코로나19는 여전히 진행 중이지만 인류는 이를 넘어 다시 일상의 삶을 계속해야 한다. 그리고 인간에게 이보다 더 큰 위협을 몰고 올 기후 위기에 대응하기 위해 남북은 물론 전 지구적 연대 활동이 필요하다.

〈네가 죽어야 내가 사는〉 냉전 시대의 논리가 기후 위기를 촉발하고 강화했다면, 이제는 〈너와 내가 함께 생존할 수 있는〉 연대의 논리로 기후 위기에 대응해야 한다. 그래야 지속 가능한 삶을 영유할 수 있다.

이에 지금은 남북 관계가 잠시 멈춘 상태이지만, 향후 남북이 기후 위기에 함께 대응하기 위한 준비 차원에서 북한의 기후 위기와 감염병에 대한 인식을 확인하고자 연구를 시작했다. 연구를 통해 북한이 기후 위기와 감염병 해결을 위해 어떤 활동을 추진했는지, 자체적으로 추진한 대응 방법은 무엇이었는지 살펴보았다.

전 세계적으로 가속되는 기후 위기로 인해 자연재해와 감염병 등의 발생이 현저히 높아졌다. 그리고 한반도는 분단된 상태이지만 생태계가 연결되어 있어 그 영향을 주고받고 있다. 북한에 큰 홍수가 발생해 접경 지역에 있는 댐의 수문을 열면 남한 주민들이 피해를 볼 수 있다. DMZ를 오가는 모기는 말라리아를 옮길 수 있고 멧돼지는 아프리카 돼지 열병을 감염시킨다. 우리만 안전할 수 있는 세상이 아니다. 남북이 함께 지혜를 모아야 한다.

이러한 차원에서 독자들이 기후 위기를 매개로 북한을 조금이나마 이해하면서 남북의 거리를 좁히는 계기가 되길 희망한다. 또한 향후 남북 교류 협력에 관심 있는 사람들에게는 그 방안을 찾는 과정에서 유익한 자료로 활용되기를 기대한다.

본 저서의 집필에는 저자의 요청에 따라 관련 원고를 작성해 자문한 김지현 한국기구변화연구원 탄소배출권센터 국제감축협력팀장, 김희진 대한약사회 자문위원, 변학문 겨레하나평화연구센터 소장, 오삼언 국립산림과학원 박사 연구원의 도움이 컸다. 또한 대북협력민간단체협의회(북민협)의 이주성 사무총장을 비롯해 북민협 소속 김혜영 월

머리말

드비전 팀장, 염규현 겨레의숲 부장, 장지혜 어린이의약품 지원본부 사무차장, 홍상영 우리민족서로돕기운동 사무총장도 북한과 추진한 사업과 전망에 대한 중요한 정보를 공유해 연구 내용을 풍부하게 해주었음을 밝힌다.

마지막으로, 북민협에 연구 기회를 준 통일부 국립통일교육원에 감사를 전한다.

차례

1장

기후 위기 속 북한, 그 인식과 대응

1
1도의 위험, 〈우리는 가라앉고 있습니다〉

「We are sinking(우리는 가라앉고 있습니다).」

2021년 11월 영국의 글래스고에서 제26차 유엔기후변화협약 당사국 총회Conference of Parties, COP[1]가 열렸다. 이 회의의 화제는 단연 투발루 외교부 장관 사이먼 코페Simon Kofe의 수중 연설이었다. 연설 장소는 기후 위기로 인한 해수면 상승으로 육지가 바닷물로 변한 현장이었다.

투발루는 9개 섬으로 이루어진 태평양의 섬나라다. 하지만 지구 온난화로 해수면이 높아지면서 2개 섬이 물에 잠겼고, 나머지 섬 역시 위험 상황에 있다. 문제는 투발루뿐만 아

---

1 1992년 6월 브라질 리우데자네이루에서 개최한 유엔환경개발회의 UNCED에서 유엔기후변화협약UNFCCC을 채택했다. 이후 이 협약에 동의해 가입한 국가들은 1995년부터 1년에 한 차례 당사국 총회를 개최해 협약에 대한 전반적인 검토와 기후 변화에 대한 논의를 진행한다. 출처: 국가생물다양성 정보공유체계(kbr.go.kr).

니라 몰디브와 마셜 제도도 같은 위험에 놓여 있다는 것이다.

이러한 현실은 먼 섬나라만의 이야기가 아니다. 우리나라도 최근 30년간 해수면이 평균 3.03밀리미터 상승했다. 그리고 10년 뒤에는 부산 해운대와 인천공항 인근도 물에 잠길 것이라는 전문가의 연구 결과가 잇따라 나오고 있다.

〈그림 1〉은 기후 위기를 연구하는 미국의 비영리 민간 기관 클라이메이트 센트럴Climate Central이 제시한 자료다. 이 기관에서는 2030년 인천과 부산의 해안 침식에 대한 시뮬레이션을 제시하며 지도의 빨간색 부분이 물에 잠길 것으로 예측했다.

해수면 상승과 더불어 남한에서는 대형 산불이 꾸준히 발생하고 있다. 2022년 3월과 5월에 경북 울진을 시작으로 강원도의 삼척, 강릉, 동해, 영월과 부산의 기장, 경남 밀양 등 전국에서 산불로 큰 피해를 입었다.

산림청이 공개한 산불 발생 현황 자료에 따르면 2012년부터 2021년까지 10년간 남한에서는 총 4,809건의 산불이 발생했다.[2] 우리나라는 봄과 가을철에 산불이 많이 발생하곤 했다. 하지만 최근 산불과 같이 진화하는 데 시간이 오래 걸리는 대형 산불은 흔치 않았다.

2   10년간 산불 발생 현황 검색, 산림청 누리집(https://www.forest.go.kr/

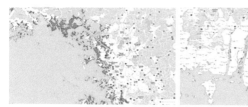

[그림 1] 2030년 인천 및 부산 인근 해안의 해수면 상승 예상도. 2030년 인천 인근(좌), 2030년 부산 인근(우)의 예상도. 출처: 클라이메이트 셀트럴 홈페이지(https://coastal.climatecentral.org/).

이와 같은 대형 산불이 현재 세계 곳곳에서 발생하고 있다. 2021년 8월에는 시베리아에서 큰 산불이 발생해 연기가 북극까지 번지기도 했다. 산불 연기가 북극에서 포착된 것은 북극권 관측 사상 처음이었다.[3]

섬과 육지가 물에 잠기고 대형 산불이 발생하는 전 지구적 현상은 기후 변화의 영향이다. 최근에는 기후 변화의 위험성을 더 강하게 표현하기 위해 〈기후 위기〉라는 말을 사용하기도 한다. 여기에 더해 〈기후 비상사태〉라는 말까지 등장했다. 2019년 옥스퍼드 영어 사전을 편찬하는 옥스퍼드 랭귀지는 기후 비상사태를 올해의 단어로 선정하면서

---

kfsweb/kfi/kfs/frfr/selectFrfrStats.do?mn=NKFS_02_02_01_05).
3 김진욱, 「시베리아 산불 연기, 북극권도 뒤덮었다. 푸틴, 뒤늦게 〈총력 진화〉 지시」, 『한국일보』, 2021년 8월 11일 자, 16면.

기후 변화를 줄이거나 멈추고 그로 인해 돌이킬 수 없는 피해를 막기 위한 긴급한 조치가 필요하다고 강조했다.

본 글에서도 이에 대한 적극적인 대응 필요성에 공감하면서 기후 변화보다는 위험성과 시급성을 강조하기 위해 〈기후 위기〉라는 용어를 사용했다.

코로나19 팬데믹 초기 기억을 되살려 보면 우리의 주요 관심은 체온이었다. 공공 기관은 물론이고 음식점, 커피숍 등의 입구에선 방문자들의 체온을 측정해 성인의 정상 체온인 36.5도에서 1도만 높아도 출입을 제한했다. 심지어 몸이 아파 병원을 방문해도 열이 나면 즉각 진료를 받거나 입원할 수 없었다. 체온 1도 증가는 우리에게 큰 의미로 다가왔고, 그로 인해 다양한 혼란을 겪었다. 하물며 수많은 생명체가 공존하는 지구의 온도가 1도 증가한다면 어떤 일이 벌어질까?

기후 위기에 관한 정부 간 협의체Intergovernmental Panel on Climate Change, IPCC[4]는 지구의 평균 온도가 2001~2020년에 1850~1900년 대비 0.99도 높아졌다고 발표했다. 심지어

---

4 1988년 UN 총회 결의에 따라 세계기상기구WMO와 유엔환경계획UNEP이 공동으로 설립한 유엔 산하 국제 협의체로, 주요 임무는 기후 위기에 대한 영향과 국제적 대응 방안 제시, 유엔기후변화협약의 의제 실행 여부 점검 및 평가 보고서 발행 등이다. 출처: 국가 생물다양성 정보공유체계.

1장 기후 위기 속 북한, 그 인식과 대응

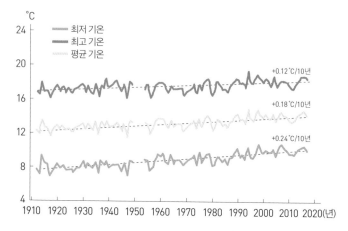

[그림 2] 한반도의 연평균 최고, 평균, 최저 기온의 변화(1912~2017년). 출처: 국립기상과학원, 「한반도 100년의 기후 변화 보고서」, 2018년.

2011~2022년에는 1.09도가 더 상승했다. 산업화로 인해 우리는 1도 이상 높아진 지구 온난화를 경험하고 있다. 또한 IPCC는 지구 온난화의 주요 원인으로 이산화탄소를 포함한 온실가스 배출을 꼽으며, 이 온실가스를 크게 줄이지 않으면 21세기 안에 지구의 평균 온도가 1.5~2도 더 높아질 거라고 경고했다.

그렇다면 남북이 함께 살아가는 한반도의 상태는 어떨까?

국립기상과학원이 발표한 한반도 1백 년간 기후 변화에 따르면 최근 30년간 한반도 기온이 20세기 초(1912~1941)보다 1.4도 상승했다(〈그림 2〉). 강수량도 20세기 초보다

124밀리미터 증가했으며, 여름이 길어지고 겨울이 짧아지고 있다. 이 지표만 봐도 한반도는 세계 평균 온도보다 더 많이 상승하고 있다.

온도가 높아진 지구는 폭염, 홍수, 폭우, 해수면 상승, 해수 온도 상승, 사막화, 가뭄, 대형 산불 등과 같이 다양한 모습을 드러내고 있으며, 그로 인한 피해와 위기의 소식이 끊임없이 들리고 있다.

2019년 9월 호주에서 발생한 산불이 2020년 2월이 되어서야 진화되었고, 2021년 러시아는 120년 만에 최악의 더위에 시달렸다. 2022년 인도는 최고 기온이 46도가 넘어서면서 122년 만에 최악의 폭염을 기록해 그 영향으로 밀 생산량 감소가 예측되었다. 한편, 미국의 북동부에서는 폭염주의보가, 서부에서는 폭설이 쏟아지는 등 이상 현상이 전 세계를 강타했다.

기후 위기로 인류가 겪는 피해에 대해 IPCC는 지구 온난화의 주범은 인간이라며, 〈인간에 의한 영향이 명백하다〉라고 2021년 제6차 보고서를 통해 공식화했다. 즉, 인간이 인간에게 가하는 위기라는 것이다.

전 세계는 산업 혁명 이전과 비교해 지구의 평균 온도가 약 1도 올랐을 뿐인데, 이전에 경험해 보지 못한 이상 현상들을 겪고 있다. 그리고 한반도는 전 세계 평균보다 더 빠르게 기후 위기가 진행되고 있다.

기후 위기는 극지에 가까운 고위도 지역에서 빠르게 진행되는 경향을 보인다. 북한은 남한에 비해 중국 대륙에 가까운 높은 위도에 있어 온난화 속도도 빠르게 나타나고 있다. 또한 해수면 상승 폭도 더 높다.[5] 이는 북한 스스로 인정하는 사실이다. 우리나라 기상청과 같은 역할을 하는 북한의 기상수문국은 20세기 들어 북한의 연평균 기온이 1.9도 상승했다고 밝혔다. 지구 평균 온도 상승 폭의 3배나 되는 수치다.

지구의 평균 온도가 올라가는 것은 우리가 흔히 생각하는 여름날 기온이 1~2도 오르내리는 날씨와는 완전히 다른 개념이다. 어떤 사람들은 지구 평균 온도가 고작 1도 올라갈 뿐이며, 기후는 원래 조금씩 변화하기 마련이니 지나치게 염려할 필요 없다고 주장하기도 한다.

물론 기후는 45억 년 지구 역사 동안 계속 변화해 온 것이 사실이다. 문제는 그 속도다. 과거 빙하기에서 간빙기로 변한 1만 년 동안 지구의 평균 기온은 4도가량 상승했다. 그런

5   임예준·이규창, 『북한 재난협력 방안과 과제』(서울: 통일연구원, 2017), 16면.

데 산업 혁명 이후 1백 년 동안 이미 1도 이상 올랐다.[6]

기온이 1도 정도 상승한 현재 상태에서도 폭염, 가뭄, 태풍, 홍수 등 심각한 기상 이변의 빈도와 강도가 극적으로 증가했는데, 그 이상 온도가 높아지면 어떤 일이 벌어질까?

이에 대한 연구 기관들의 예측 결과를 보면 다음과 같다.

지구 기온 상승이 앞으로 1.5도에 도달하면 전 세계적으로 식량난과 물 부족 현상이 심화할 것이다. 2도 올라가면 극한 폭염과 홍수, 가뭄이 대폭 늘어나고, 3도 오르면 여름철에 야외 활동으로 인한 사망률이 증가하며 식량 부족이 전 세계적 현상이 될 가능성이 높다. 4도 상승할 경우, 남극과 북극의 빙하가 완전히 사라지고 열대우림이 사막으로 변할 것이다. 그리고 해수면 상승이 심해져 내륙 지방까지 침수할 수 있다.[7]

아프리카 사하라 이남 지역이 사막화되고, 해수면 상승으로 인한 난민 발생, 물 부족에 따른 내전 등 우리가 모르는 사이 전 세계를 덮치는 기후 위기의 영향은 인류 생존을 위태롭게 하고 있다. 어쩌면, 하루아침에 기후가 급격히 변해

6   최우리, 「50도 폭염, 겨우 1도 상승한 지구에서 벌어진 일입니다」, 『한겨레』, 2021년 7월 18일 자, 2면.
7   조효제, 『탄소사회의 종말』(파주: 21세기북스, 2020), 31~32면.

온 세상이 눈과 얼음으로 뒤덮여 버린 재난 영화의 한 장면이 결코 상상 속 이야기가 아닐지도 모른다. 이처럼 지구 평균 기온이 1도 상승할 경우, 그 영향은 상상을 초월하며 재앙과 함께 인류 생존을 위협할 수 있음을 우리는 피부로 느끼고 있다.

2020년 코로나19 팬데믹을 겪으며 모든 인류가 잠깐 멈췄다. 인류가 멈추니 지구의 회복 기능이 다시 작동했다. 미세먼지가 사라져 대기의 질이 개선되었고, 국제적 멸종 위기인 올리브 리들리 바다거북이 산란을 위해 인도 해안에 10년 만에 출현했다. 그리고 온실가스 배출량이 약5퍼센트 줄었다.[8]

학생에게는 방학이 필요하고 직장인에게는 휴가가 필요하듯이, 지구도 휴식이 필요했던 것이다. 산업화 이후 인류는 지구가 제공하는 공기와 물을 포함한 자원 등이 무한한 것처럼 여겨 왔다. 또한 지구와 자연은 사람을 위해 존재하는 대상으로 착각하며 인간의 삶 개선과 발전이라는 미명하에 마구잡이로 개발하고 얼마든지 사용해도 된다고 인식했다.

---

8 박홍구, 「코로나19의 〈역설〉 생태계 복원… 인류에 과제 남겨」, YTN, 2020년 4월 26일.

그동안 보여 온 인류의 무모한 행동에 대해 지구는 자연재해로 계속 경고를 보내왔고, 최근의 코로나19 팬데믹도 그 강력한 신호 중 하나일 수 있다. 그리고 코로나19로 인류가 잠깐 멈춘 사이 인간의 행동에 따라 지구 재생이 가능함을 직접 보여 줬다.

　이제 북극곰이라고 하면 어느 콜라 회사의 광고를 떠올리기보다 녹고 있는 빙하로 인해 갈 곳을 잃고 방황하는 모습이 먼저 그려진다. 우리의 미래 모습일 수 있다. 북극에서부터 태평양의 섬나라, 그리고 우리가 사는 한반도까지 모두 가라앉고 있다.

　사이먼 코페의 연설을 다시 떠올리게 된다.

　「We are sinking, but so is everyone else(우리는 가라앉고 있습니다. 하지만 다른 모든 사람도 마찬가지입니다).」

2
기후 위기가 북한에 미친 영향

앞서 언급한 것처럼, 전 지구적으로 평균 기온이 0.99도 상승할 때 한반도는 1.4도 상승했다. 그리고 북한은 남한보다 더 빠른 속도로 기후 위기를 맞고 있다. 이러한 현실은 북한이 2013년 국제 사회에 제출한 국가보고서National Communication, NC에도 언급되어 있다.

북한은 1971년부터 2005년까지 35년 동안 연평균 기온 변화량 추이를 제시하면서 10년마다 0.38도씩 상승할 정도로 평균 기온이 급격하게 올랐음을 보고했다. 그러면서 이에 따른 분야별 영향을 분석했는데, 그 내용을 정리하면 〈표1〉과 같다.

북한은 특히 자연재해가 빈번하며 그 피해가 심각하다. 북한이 〈고난의 행군〉[9] 시기라고 일컫는 1990년대 중반에

9 〈고난의 행군〉의 어원은 김일성의 항일 무장 투쟁 시기로 소급된다. 김

구분	주요 영향
수자원	• 수자원은 점차 감소해 과거 30년(1971~2000) 대비 15% 감소 • 1990년대 1인당 수자원은 1950년 대비 3.4배 감소 • 기온 상승으로 인한 수온 상승과 수자원의 계절적 변동성으로 인해 수질 악화
농업	• 지구 온난화로 인해 수확을 위한 적절한 온도와 그 지속 시간이 점진적으로 증가해 수확량 감소 예상 • 기후 변화로 인한 일조량 감소 현상으로 인해 농업 생산에 부정적 영향 초래 • 사과를 포함한 고온에서 재배할 수 없는 과수 생산 지역 감소 예상
해안 지역	• 해안 지역의 해수면 상승으로 침수 피해 지역 증가와 바닷물 침투로 담수 오염 피해 • 향후 1백 년간 해수면이 약 0.67~0.89미터 높아질 것으로 예상 • 방재 시설 없이는 동해안 및 서해안 해안선이 각각 67~89미터, 670~890미터 후퇴할 것으로 예상
건강 문제	• 기후 변화로 홍수, 태풍 및 고온으로 인한 피해자 증가 예상 • 콜레라, 말라리아 등 고온으로 인한 질병 피해자 증가 예상

[표 1] 북한이 스스로 밝힌 분야별 기후 변화 영향. 출처: 김지현, 「기후 위기, 통일한국의 새로운 기회가 될까」, 자문 원고 8면 재인용.

일성 부대가 1938년 겨울부터 시작된 일본군의 토벌 작전을 피해 추위와 배고픔을 견디며 러시아 인근의 북부 국경 일대로 이동했던 약 1백 일간을 일컫는다. 북한은 1994년 김일성 사망 이후 전개된 위기 극복 비상 체제 때 이를 수많은 아사자가 발생했다. 지금도 아사자 수를 정확하게 특정하지 못하는데, 최소한 수십만 명에 달할 것으로 추산된다. 이러한 사태의 원인 중 하나가 1990년대 초부터 홍수, 냉해, 태풍 등 반복되는 자연재해였고, 그로 인해 농사 작황이 좋지 않아 식량을 확보할 수 없었다.[10] 1995년 북한에서 발생한 집중호우는 피해액 기준으로 세계 50대 자연재해로 기록되기도 했다.

세계보건기구WHO 협력 기관인 벨기에 루뱅 대학교 재난역학연구센터Centre for Research on the Epidemiology fo Disasters, CRED가 집계한 자료에 따르면, 2007년부터 2021년 10월까지 북한의 자연재해 건수는 24건이며, 홍수 13건, 태풍 6건, 가뭄 4건, 폭염 1건 순으로 나타났다. 특히 2016년 홍수로 약 538명의 희생자가 발생했다. 이는 지진 피해로 676명이 사망한 에콰도르와 태풍 피해로 546명이 사망 및 실종된 아이티에 이어 희생자 수가 많은 사례였다. 또 다른 CRED의 자료에는 북한에서 2015년 6월부터 7월까지 이어진 가뭄을 1백 년 이래 최대 자연재해로 기록했다. 이 가뭄으로 북한

소환하며, 1994~1997년까지를 〈고난의 행군〉이라고 명명한다. 출처: 박후건, 『북한경제의 재구성』(서울: 도서출판 선인, 2015), 136면.
10   통계청, 「1993~2055 북한 인구추계」, 통계청 누리집, 2010년 11월 22일.

인구 1백만 명당 18명의 이재민이 발생했다. 이러한 수치는 세계적으로도 높은 재해 피해 중 하나로 기록되었다.[11]

북한도 〈1990~2020년 사이 국토 전역에서 홍수, 태풍 같은 자연재해가 자주 발생했고 최근 10년 동안 보통 한 가지 이상의 자연재해가 해마다 있었다〉고 직접 밝혔다. 이는 2021년 6월 말 북한이 유엔에 제출한 유엔 지속가능발전목표Sustainable Development Goals, SDGs 이행 현황과 과제를 담은 자발적 국가검토보고서Voluntary National Review, VNR에서도 확인할 수 있었다.

북한은 VNR에서 재해로 인한 사망 및 실종자 수도 언급했다. 2016년에는 인구 10만 명당 2.1명이 발생했고 2020년에도 약 0.5명이 사망했다.[12] 즉, 2016년에는 525명이, 2020년인 최근에도 약 125명이 사망 또는 실종되었다. 앞의 CRED가 추계한 2016년 홍수 희생자 538명보다는 13명 적지만 큰 차이라고는 할 수 없다. 남한에서 많은 비로 500명 이상이 사망했다고 생각하면 끔찍한 일이 아닐 수 없다.

11   루뱅 대학교 재난역학연구센터 자연재해 데이터베이스(www.emdat.be/data).

12   김성(유엔주재 북한 대사), 「조선민주주의인민공화국 지속 가능한 발전을 위한 2030 의제 이행에 관한 자발적 국가검토보고서」, 2021년, 40면.

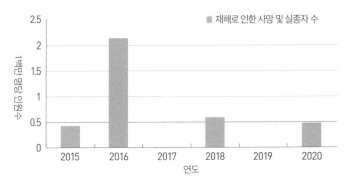

[그림 3] 인구 10만 명당 재해로 인한 사망 및 실종자 수. 출처: 김성, 「조선민주주의인민공화국 지속 가능한 발전을 위한 2030 의제 이행에 관한 자발적 국가검토보고서」, 2021년, 40면.

북한이 2021년 VNR를 발표하기 전에는 자연재해와 관련한 피해 규모를 구체적으로 파악하기 어려웠다. 국제 사회에 자신들의 치부를 드러내는 이러한 변화는 북한 당국이 인명 피해까지 동반한 자연재해의 심각성을 공개하면서 그 원인인 기후 위기에 적극적으로 대응하고자 하는 중요한 행보라고 할 수 있다.

북한 당국은 배출 온실가스 통계를 공개하기도 했다. 이에 따르면 북한의 온실가스 총배출량은 2000년에 약 6,571만 톤이었다. 이는 1990년에 비해 66퍼센트 감소한 수치였다. 온실가스 배출량이 줄어든 이유에 대해 1990년대 이후 사회주의 국가들의 체제 붕괴와 국제 사회의 대북

구분	1990년	2000년	변화율
온실가스 배출량(tCO_2-eq)	193,489천	65,714천	-66%
1인당 온실가스 배출량(tCO_2-eq/1인)	9.2	2.9	-68%
GDP당 온실가스 배출량(tCO_2-eq/1,000US\$)	8.5	6.2	-27%

[표 2] 북한 온실가스 배출량 지수 변화. 출처: 김지현의 자문 원고 9면 재인용.

제재 및 봉쇄로 인해 전반적인 국가 경제가 쇠퇴했기 때문이라고 밝혔다.

북한은 자국 내 온실가스 배출량은 줄었으나 전 지구적 기후 위기 영향으로 그 피해가 증가했음을 스스로 증언했다. 이러한 현실은 북한이 국제 사회에 기후 위기 대응과 관련한 기술 및 재정적 지원을 당당하게 요구하는 주요한 배경이기도 하다.

김정은 집권 이후에는 기후 위기에 더욱 적극적으로 대응하고 있다. 이는 북한에서 발행된 공식 언론의 보도 빈도와 경향을 통해 간접적으로 확인할 수 있었다. 확인하기 위해 공식 매체인 『로동신문』을 살펴보았다. 『로동신문』은 조선노동당 기관지로, 각 사안에 대한 북한 당국의 입장과 북한 전역 및 각 단위 소식을 365일 휴간 없이 발행하는 대표적 언론 중 하나다. 특히 일당 독재의 사회주의 체제를 유지하는 북한에서 당 기관지는 주민들을 교육하고 훈련하는 선전지 역할을 하기 때문에 북한 주민들의 인식 형성에도 많은 영향을 끼친다.[13]

『로동신문』을 확인한 결과, 북한은 1970년대부터 세계 곳곳에서 발생하는 이상 기후와 그로 인한 피해 관련 기사를 보도했다. 1976년 8월 21일 자 신문에 〈세계를 휩쓸고 있는 이상 기후와 그것이 농업에 미치고 있는 엄중한 후과〉라는 제목의 기사를 게재했다. 그리고 북한은 현재도 기후 변화나 기후 위기라는 용어보다 이상 기후, 재해성 이상 기후로 언급하고 있다.

기후 위기의 원인인 지구 온난화에 대한 보도는 1989년부터 나타났다. 관련 보도는 김일성 사망 전인 1993년까지 모두 10건의 기사를 보도했다. 김정일이 집권한 1994년부터 2011년까지 18년간 100건의 기사를 확인했다. 이에 반해 김정은 집권기인 2012년부터 2020년까지 총 9년 동안 98건이 기사화되었다. 특히 2012년부터 2017년까지 34건,

---

13   엄주현, 『북조선 보건의료체계 구축사 I』(서울: 선인출판사, 2021), 25면.

2018년부터 2020년까지 64건을 보도해 최근 들어 관련 보도가 대폭 늘어났음을 알 수 있다.[14]

『로동신문』의 보도 내용을 보면, 주로 다른 나라의 기후 위기로 인한 피해와 대응 소식에 비중을 두면서 북한 주민들에게 이에 대한 경각심을 높이는 동시에 위기의식을 당부하는 기사가 많았다. 특히 김정은이 직접 나서 기후 위기의 심각성을 언급하기도 했다.[15]

북한은 이처럼 기후 위기와 관련한 세계적 차원의 움직임에 관심이 높았다. 자국 상황보다는 다른 나라의 피해 상황이나 국제회의, 국제 협상 과정 등의 소식을 전달하는 데 더 많은 지면을 할애했다. 그리고 2000년대 후반부터 IPCC 보고서를 근거로 기후 위기 원인 제공자로 선진국을 들면서, 이에 대한 비판을 담은 기사가 늘었다.

또한 1990년대부터 2000년대 중반까지는 기후 위기에 대한 문제 해결 방안보다 피해 보도에 주력했다면, 그 후에는 각국 정부의 대응 정책과 전략, 국제기구의 다양한 활동을 보도하면서 구체적인 해결 방안에 관심을 보였다. 이와

---

14 허정필, 「김정은 시대 북한재해관리 특징과 남북협력 방안연구」, 『신진연구자 정책연구과제 보고서』, 통일부, 2021년, 9면.

15 「전례 없이 심각해지는 기후 변화」, 『로동신문』, 2021년 9월 3일 자; 「극심한 가물현상으로 증대되는 피해」, 『로동신문』, 2022년 3월 22일 자.

연동해 기사에는 국제기구와 국외 과학자에 대한 연구 보고서를 빈번히 인용했다. 이는 기후 위기에 대응하는 선진 과학기술에 관심이 높음을 보여 준다.[16]

북한 언론은 최근 들어 자국의 기후 위기 현상에 대한 구체적 현황을 제시하는 경향을 보인다. 예를 들면, 20세기 지구 평균 기온이 0.6도 상승할 때 북한의 평균 기온은 1.9도, 특히 겨울철에는 4.7도 높아졌다거나 대홍수가 발생한 1995년을 제외하면 1990년대 연평균 강수량이 크게 줄었고 자연재해 중 태풍의 세기가 강해진 사실, 극한 추위가 더 오래 지속되는 현실 등을 제시하며 그 심각성을 더욱 확실하게 알리고 있다.[17] 그러면서 과학 농사, 산림 복구, 사회 기반 시설 정비 및 확충 등 기후 위기로 인한 피해를 최소화하는 정책 수립도 강조했다.[18]

---

16   박미선 외, 「북한 미디어에 나타난 기후 변화 프레임: 로동신문과 민주조선을 중심으로」, 『환경정책』 제21권 제4호(2013).

17   「최근년간 우리나라 기후의 특징」, 『로동신문』, 2000년 9월 17일 자.

18   윤순진 외, 「북한 미디어에 나타난 기후 변화 프레임: 로동신문과 민주조선을 중심으로」.

3
국제 사회와 함께하는 북한의 기후 위기 대응

북한은 유엔기후변화협약을 〈유엔기후변화기틀협약〉이라고 부른다. 그리고 이 협약을 비준한 당사국이며 파리 협정 참여국이기도 하다.

1992년 유엔환경개발회의 당시 채택한 유엔기후변화협약은 1994년에 발효되었는데, 북한은 1994년에 이 협약을 비준했다(남한은 1993년). 1997년에 채택한 교토 의정서는 2005년부터 발효되었는데, 북한은 발효 해인 2005년에 비준했다(남한은 2002년). 2015년 채택된 파리 협정의 경우 남북 모두 2016년에 비준했다.

국제적 협약과 의정서, 협정 등에 동의한 비준국은 당사국 지휘를 얻는 동시에 국제 사회에 이와 관련한 자국의 이행 상황을 정리한 종합적 자료를 제출할 의무가 있다. 이러한 문서로는 NC와 국가온실가스감축목표Nationally

Determined Contribution, NDC가 대표적이다.

북한은 이 의무도 비교적 잘 준수하고 있다. 2002년에 1차 NC를 제출했고, 2013년에 2차 NC를 보고했다. 남한은 1998년에 1차 NC를 제출한 이후 2003년에 2차, 2011년에 3차, 그리고 2019년에 4차 NC를 보고했다. NDC의 경우 북한은 2016년 파리 협정 비준과 함께 1차 NDC를, 이후 온실가스 감축 목표를 수정해 2019년에 2차 NDC를 제출했다.

이렇게 북한은 국제 사회의 기후 위기 대응에 적극적으로 참여하는 모습을 보이고 있다. 이는 그만큼 기후 위기에 관심이 높다는 의미이고, 그 영향의 심각성을 인지하고 있다는 증거다. 그 외에도 북한의 움직임을 보면 기후 위기에 대응할 수 있는 자금과 기술을 국제 사회에서 확보할 수 있다고 판단한 것 같다.

기후 위기에 대응하기 위해서는 많은 재정과 기술이 요구된다. 특히 북한과 같은 저개발 국가에서는 이러한 자원 투입이 더욱 많이 필요하다. 그동안 국제 사회는 개발 도상국보다 더 많은 탄소 배출을 통해 경제 발전을 이룩한 선진국이 기후 위기에 대한 책임이 더 크다는 인식에서 선진국의 재정적 지원과 기술을 개발 도상국으로 이전할 필요가 있다는 데 공감대를 형성해 왔다.

이러한 공감대는 유엔기후변화협약에도 포함되어 있다. 협약에는 선진국과 개발 도상국의 차별화된 책임을 제시하면서 기후 위기에 더 많은 책임이 있는 선진국의 역할 강조와 개발 도상국의 특수 상황을 고려하는 원칙을 규정했다. 2015년 파리 협정에서는 이를 더 구체적으로 약속했다. 협정 제9조와 제10조에 선진국의 개발 도상국에 대한 재정 및 기술적 지원을 적시하며 이를 위해 녹색기후기금Green Climate Fund, GCF 및 기후기술센터 및 네트워크Climate Technology Centre and Network, CTCN를 발족했다. 이러한 국제기구를 통해 개발 도상국 지원을 본격적으로 추진하고 있다. 북한은 이를 적극적으로 활용하려는 목적을 숨기지 않으며 기후 위기와 관련한 국제적 활동에 활발히 움직이는 동력으로 작용하고 있다.

북한이 2019년에 제출한 2차 NDC는 2016년의 1차 NDC에서 밝힌 온실가스 감축 목표보다 약 3천9백만 톤 높았다. 감축 목표를 높인 것은 이를 해결하기 위한 북한 정부의 의지가 강하다는 의미와 함께 조건부 감축, 즉 선진국의 기술 및 재정적 지원을 통해 사업을 의욕적으로 수행하겠다는 목적이 선명하게 담겨 있다.

구분	1차 NDC	2차 NDC
제출 연도	2016년 9월	2019년 9월
온실가스 배출량	2030년 온실가스 배출량BAU: 187.73백만 tCO_2-eq	2030년 온실가스 배출량BAU: 218백만 tCO_2-eq
무조건 감축	2030년까지 BAU 시나리오 대비 8% 감축	2030년까지 BAU 시나리오 대비 16.4% 감축
조건부 감축	2030년까지 BAU 시나리오 대비 32.25% 추가 감축	2030년까지 BAU 시나리오 대비 36% 추가 감축
총 감축 목표	• 2030년 BAU 대비 40.25% • 75.5백만 tCO_2-eq 감축	• 2030년 BAU 대비 52.4% • 114.6백만 tCO_2-eq 감축
계획 기간	2021년 1월 1일 ~ 2030년 12월 31일	
적용 범위	• 2006년 IPCC 가이드라인 모든 부문 • 지리적 범위: 국가 전체(100% 지리적 범위) • 가장 최근 국가 온실가스 인벤토리에 반영된 배출량 비율: 100%	
적용 온실가스	이산화탄소CO_2, 메탄CH_4, 아산화질소N_2O, 수소불화탄소HFCs, 과불화탄PFCs, 육불화황SF_6	

[표 3] 북한의 NDC 개요. 출처: 김지현의 자문 원고 12면 재인용.

1장 기후 위기 속 북한, 그 인식과 대응

북한이 밝힌 국가 온실가스 감축 목표를 달성하기 위해, 1차 NDC에서는 다음 10개 분야의 이행 수단을 제시했다.

첫째, 기후 변화 대응 국가 체계 강화. 둘째, 에너지 효율 향상과 소비 절감. 셋째, 발전 산업의 에너지 효율 향상 및 대체 에너지원 이용. 넷째, 신재생 에너지 이용 확대. 다섯째, 지속 가능한 산림 관리 및 개발. 여섯째, 지속 가능한 농업 개발을 위한 기술 및 방법론 도입. 일곱째, 지속 가능한 폐기물 관리 시스템 도입. 여덟째, 기후 변화 대응 인식 향상과 참여 확대. 아홉째, 기후 변화 완화를 위한 국제 협력 강화. 열째, 온실가스 감축을 위한 재정 지원 강화.

또한 북한은 조건부 감축 목표를 달성하기 위해 18가지 온실가스 감축 수단도 언급했다. 이는 국제적 기술 및 재정적 지원이 선행될 때 수행할 수 있다고 밝힌 수단들로, 향후 북한이 수요로 하는 협력 사업의 아이템으로도 해석할 수 있는 분야다. 그렇기 때문에 이를 북한과의 교류 협력 때 적극적으로 고려하면 협상력을 높일 가능성이 크다.

이와 함께 북한은 2013년에 발표한 2차 NC에서 온실가스 감축 목표를 실행하기 위한 구체적인 사업과 재정 지원도 국제 사회에 요청했다. 그 규모는 총 22건의 사업에 약 139.45백만 달러로, 세부 사항은 〈표 5〉와 같다.

구분	감축 수단
1	송배전 손실률 6% 이하로 감소
2	1,000MW 규모의 태양광 발전 시설(계통망 연계) 설치
3	서해 지역 500MW 규모 해상 풍력 단지 건설
4	500MW 규모의 육상 풍력 단지 건설
5	가정 및 사무실의 석탄 난방을 대체하기 위한 고효율 공조 설비 및 히트펌프 이용
6	취사를 위한 석탄 및 장작 사용을 대체하기 위한 가축 분뇨 및 하수 슬러지로부터 바이오가스 이용
7	가정에서의 태양열 시스템을 이용한 석탄 사용 대체
8	시골 지역 고효율 화목 스토브 도입을 통한 기존 화목 스토브 대체
9	왕겨를 활용한 열 병합 발전소 건설
10	생활 고형 폐기물 수집 및 처리를 위한 중앙식 소각 설비 건설
11	초임계 석탄 화력 발전소 설치를 통한 구식 석탄 화력 발전소 대체
12	혼합 시멘트 생산 시 고로 슬래그 및 플라이 애시 첨가 비율을 15%에서 50%로 증대
13	생활 고형 폐기물 처리를 위한 바이오가스 플랜트 건설

구분	감축 수단
14	가정에서 고효율 전기 조리기기 도입을 통한 기존의 전형적인 석탄 스토브 대체
15	2030년까지 기술 현대화를 통한 산업 부문 에너지 소비 25% 감축
16	상하향식 벽돌 소성로를 기존의 터널식 벽돌 소성로로 대체
17	대도시 BRT(간선 급행 버스 체계Bus Rapid Transit) 시스템 도입
18	임농 복합 및 지속 가능한 산림 경영 확대

[표 4] 조건부 기여를 위한 주요 감축 수단. 출처: 김지현의 자문 원고 15면 재인용.

하지만 북한은 현재 이러한 사업에 차질을 빚고 있다. 핵 문제 때문이다. 북한은 2017년 제6차 핵 실험 이후 〈핵 무력〉 완성을 선언했다. 이에 따라 유엔안전보장이사회는 2017년 12월 대북 제재 결의안 2397호를 채택했다. 이 결의안은 이전의 대북 제재 결의안보다 강력한 제재를 담고 있어 핵 문제가 일정 정도 해결되지 않으면 국제 사회와의 교류 협력 실현이 쉽지 않은 상태다.

실제로 녹색기후기금은 2019년 12월 북한의 기후 위기 대응 지원을 위해 72만 2천1백 달러 규모의 역량 강화 사업

분류	사업명	소요 예산 (백만$)	사업 기간 (년)
공통 사항	1. 국가 기후 변화 센터 설립 및 역량 강화	1.0	3
온실가스 인벤토리	2. 온실가스 인벤토리 전략 수립 및 역량 강화	0.25	2
	3. 북한 제3차 온실가스 인벤토리 보고서 준비	0.35	2
온실가스 감축	4. 북한 지역 청정 개발 체계CDM 사업 활동 촉진	0.6	2
	5. 에너지 합리화 센터의 역량 강화	1.0	4
	6. 청정 생산 및 에너지 효율 향상	1.0	3
	7. 북한 에너지 효율 표준 및 인증 제도 수립	1.0	4
	8. 북한 기후 변화 기술 요구 평가	0.25	2
	9. 청천강 소수력 발전 사업	80.0	7
	10. CFLs/LEDs에 의한 백열등 대체	40.0	5
	11. 지속 가능 산림 경영 역량 강화	1.0	3
	12. 지자체 고형 폐기물 활용한 에너지·연료·비료 생산	1.0	2
	13. 고형 폐기물의 통합 관리 역량 강화	0.7	2

분류	사업명	소요 예산 (백만$)	사업 기간 (년)
기후 변화 적응	14. 북한 기후 정보 서비스 개선	0.5	3
	15. 북한 기상 관측망 개선	2.0	3
	16. 대동강 유역 통합 수자원 관리 역량 강화	1.5	3
	17. 주거 지역의 벌채 관리 및 산림 황폐화 회복	1.0	3
	18. 해안 지역 통합 관리 역량 강화	0.9	4
	19. 기후 변화 관련 선진 농업 기술 보급 및 개발 촉진	0.7	3
	20. 기후 변화에 의한 산림 병충해 관리 및 통합 산림 병충해 관리	3.0	3
	21. 서해안 지역 보존 체계 개선	0.2	3
	22. 지역 사회 중심 질병 관리 체계 개선을 위한 역량 강화	1.5	3
합계		139.45	

[표 5] 북한 재정 지원 요청 우선순위. 출처: 김지현의 자문 원고 17면 재인용.

을 승인했으나 2020년 4월 유엔대북제재위원회의 제재 면제 승인을 얻지 못해 사업을 추진하지 못했다.[19]

---

19 권숙도, 「한반도 탄소중립을 위한 쟁점과 남북협력 전망」, 『KEI 북한 환경 리뷰』 2호(2021), 3.

1장 기후 위기 속 북한, 그 인식과 대응

4
김정은 시대의 기후 위기 대응법

1) 산림 복구를 통한 대응

각 국가가 기후 위기에 대응하는 첫 번째 방법으로는 지구 온난화의 원인인 온실가스를 줄이기 위해 탄소 배출을 감축하는 것이다. 일종의 적극적 방법이라고 할 수 있다. 이와 동시에 기후 위기로 인해 발생하는 피해를 최소화하기 위한 두 번째 방법으로 적응 정책도 펼친다. 즉, 사회 전체의 회복력을 높이는 방향으로 정책을 추진하는 것이다.

북한도 기후 위기 대응 방법인 감축과 적응 정책을 나름대로 펼치고 있다. 우선, 김정은 정권은 기후 위기 대응으로 산림 복구에 온 힘을 기울이고 있다. 북한 당국이 산림 복구에 먼저 나선 것은 산림 황폐화로 인해 자연재해에 더욱 취약한 현실을 시급히 극복하기 위해서였다.

북한은 산이 전체 면적의 80퍼센트를 차지해 농지가 부족하다. 1970년대 이후 식량 증산을 위해 경사지의 나무를 베어 농토를 만들기 시작했다. 1990년대에는 사회주의권 붕괴, 자연재해, 김일성 사망 등으로 인해 〈고난의 행군〉을 거치면서 심각한 연료 부족을 겪었고, 주민들이 산에 있는 나무를 땔감으로 활용해 산림 황폐화가 가속되었다.

농지 확장과 산림 훼손은 자연재해의 원인이 되었고, 이 악순환의 고리를 끊기 위해 김정은 정권은 산림 복구에 본격적으로 나섰다. 1990년대 고난의 행군 결과로 꼽는 〈벌거숭이산〉, 〈흙산〉을 〈보물산〉, 〈황금산〉으로 바꾸자는 슬로건을 내세우며 관련 정책을 대대적으로 추진하고 있다.

김정은이 산림 복구 의지를 표명한 것은 2012년 4월 국토 관리에서 혁명적 전환을 가져오자는 논문을 발표하면서부터다. 2년 뒤인 2014년에는 나무 심기 운동을 제안하고, 같은 해 11월에는 중앙양묘장을 방문해 산림 복구를 위해 수림(樹林)화, 원림(園林)화를 과업으로 제시했다.[20] 수림화는 산림녹화를 전개해 우거진 나무숲을 이루자는 것이고, 원림화는 공원, 유원지, 도로, 정원 등에 나무, 꽃, 잔디 등의 식물을 심는 조경 사업의 일종을 말한다.

20 이승현, 「北 김정은, 중앙양묘장 현지지도… 수림화·원림화 과업 제시」, 『통일뉴스』, 2014년 11월 11일 자.

김정은은 2015년 2월 26일 담화문을 통해 향후 산림 복구의 구체적인 계획을 밝히기도 했다. 담화문에서 〈10년〉이라는 산림 복구 기한을 정한 뒤, 이를 근거로 〈산림 조성 10년 전망 계획〉을 수립했다. 10년 계획에 따르면 큰 틀에서 2022년까지 나무 심기를 진행하고, 2024년까지 옮겨 심거나 접목한 식물의 안착 비율을 높이는, 조성한 산림의 보호 사업에 집중하는 방향을 설정했다.[21]

그리고 2015년 3월 11일 산림법을 개정해, 이를 법적으로 규제하는 조치도 취했다. 개정된 산림법 제25조에는 〈산림 구역에서의 금지 사항〉을 규정해 금지 행위를 이전보다 자세히 제시했고, 제47조 〈행정적 책임〉에 대해서도 행위별 처벌 규정을 추가하는 등 산림 조성에서 규율과 질서를 더욱 엄격하게 규제했다.[22] 또한 이를 수행하기 위한 별도 예산이 처음으로 편성되기도 했다.[23]

21   국토환경보호성 산림총국 채종양묘국 강현 국장은 『조선신보』와 인터뷰에서 이 같은 내용을 밝혔다. 「10년 안에 벌거벗은 산들에 푸른 숲이 우거지게 할 것」, 『조선신보』, 2015년 3월 16일 자.

22   박원규 외, 『2012년 이후 제개정된 북한법령 연구』, 경찰대학 산학협력단, 2017년 8월.

23   2015년 최고인민회의 제13기 3차 회의에서 산림 분야 예산이 별도 편성(9.6퍼센트 증액)되었다. 김석진, 「북한 최고인민회의 제13기 제3차 회의 결과 평가」, 『온라인 시리즈 CO 15 -08』, 통일연구원, 2015년 4월.

이러한 준비를 거쳐 〈산림 복구 전투〉가 시작되었다. 북한이 산림 조성 10년 전망 계획에서 밝힌 산림 조성 총면적은 198만 6천5백 헥타르다. 이 중 인공 조림 면적은 175만 5천 헥타르이며 천연 갱신 면적은 23만 1천5백 헥타르다.[24] 이는 1973년 남한의 제1차 치산 녹화 10년 계획인 1백만 헥타르 조성의 2배에 해당한다.

북한은 2018년 8월 그동안 추진한 산림 복구 사업의 성과를 구체적으로 밝힌 자료에서 2015년부터 2년간 60만 7,942헥타르에 23억 5,152만 본의 묘목을 심었다고 언급했다.[25] 그리고 2021년 1월 제8차 당대회에서 1백여만 헥타르를 조성했다고 성과를 내세웠다. 또한 2020년 초에 2015년 대비 양묘 생산 능력이 2배 이상 증가했으며,[26] 2018년에 산림 복구 전투 1단계를 평가하면서 조선인민군 122호 양묘장 완공, 산림과학대학 창설, 임농 복합 경영 전국 도입, 토양 개량제인 테라코템 개발, 산불 감시 정보 체계 확립, 산

24 「Forest restoration campaign in DPR Korea」, 북한 국토환경보호성 관계자 스위스 방문 발표 자료, 유엔기후변화협약 부속 기구 회의 추가 협상 회의, 2018년 8월.

25 위의 곳.

26 「북, 산림복구사업에서 성과화, 나무모 생산 2배 늘어」, 『조선신보』, 2020년 3월 9일 자; 『통일뉴스』, 2020년 3월 9일 자에서 재인용.

림 기계 제작 등을 주요 성과로 꼽았다.[27]

북한 당국이 선전하는 성과는 과연 사실일까?

2012년 김정은 집권 이후 추진한 산림 복구가 실제로 성과 있었는지 확인하기 위해 위성 영상을 활용해 북한 산림의 변화를 확인했다. 2008년 대비 2018년 위성 영상 모니터링을 비교한 결과, 산림 황폐지는 약 22만 헥타르 감소했고 입목지 면적은 약 62만 헥타르 증가했다. 1999~2008년에는 연간 약 13.8만 헥타르의 산림이 감소했으나 2008~2018년에는 연간 약 6.2만 헥타르가 증가한 것으로 파악되었다.[28] 이러한 결과는 북한의 산림녹화 사업이 실제로 성과 있었음을 보여 준다.

하지만 일부 기후 위기 전문가는 나무 심기가 기후 위기 대응에 미치는 영향이 미미하다고 평가하기도 한다. 이들은 기후 위기 대응법으로 온실가스의 주범인 이산화탄소를 과학 기술로 포집하거나 이를 흡수하기 위한 산림녹화 방법이 있는데, 산림녹화는 나무 벌채로 인한 피해 복구에 분명 도움이 되지만 이보다는 기존의 산림 훼손을 중단하는

---

27 「산림복구 전투의 성과 여부는 일군들의 책임성과 역할에 달려 있다」, 『로동신문』, 2018년 3월 16일 자.
28 오삼언·김은희, 「김정은 시대 산림 복구 성과와 양상 분석」, 『북한연구학회보』 제25권 제2호(2021), 79~107.

것이 더 효과적이라는 입장이다.[29]

북한은 이러한 측면을 참고할 필요가 있다. 왜냐하면 북한은 산림녹화를 대대적으로 추진하는 동시에 도시화도 진행 중이기 때문이다. VNR를 통해 스스로 밝혔듯이 북한은 1인당 GDP가 1천3백 달러인 저개발 국가다. 이를 해소하기 위해 김정은 정권은 경제 발전을 도모하고 있으며, 그 일환으로 주택과 공공건물 등의 건설 사업을 대대적으로 전개하고 있다. 도시화를 촉발하는 이런 사업에는 나무 벌채가 당연히 동반된다.

여기에 더해 북한은 국제 사회의 대북 제재와 코로나19로 인한 무역 급감으로 경제가 항상 불안한 상태다. 심각한 경제 위기가 다시 발생할 가능성이 상존하는 이런 상태에서는 고난의 행군 기간과 같이 연료를 나무로 활용하는 순간 그동안의 노력이 물거품이 될 수 있는 위험성이 도사리고 있다.

2) 재생 에너지 활용

김정은 정권의 두 번째 대응 정책은 에너지 문제를 해소하기 위해 재생 에너지를 적극적으로 활용하는 것이다. 특히

---

29 빌 게이츠, 『기후 재앙을 피하는 법』, 김민주 옮김 (파주: 김영사, 2021).

[그림 4] 재생 에너지를 이용한 생활 전력 확보 사례. 출처: 변학문 겨레하나 평화연구센터 소장, 자문 원고 24면 재인용.

살림집(주택)과 학교, 공공 기관, 편의 시설 등에 필요한 생활 전력을 재생 에너지로 해결하려는 모습이 눈에 띈다.

먼저 〈그림 4〉는 태양광을 이용한 생활 전력 충당 사례를 보여 준다. 위 사진은 평양시 은정구역에 위치한 위성 과학자 주택 지구로, 이 구역에 있는 국가과학원 소속 과학자들을 위한 아파트 단지다. 사진에서 알 수 있듯이 이곳에서는 가로등마다 부착된 태양광 패널을 이용해 점등에 필요한 전기를 생산한다.

〈그림 4〉의 아래 사진은 평양 쑥섬에 있는 과학기술전당이다. 2016년 1월 1일 문을 연 이곳은 북한 최대 과학 기술 전시장이자 과학 기술 부문 중앙 전자 도서관 역할을 하는데, 운영에 필요한 전력을 사진 아래쪽에 보이는 대규모 태양광 발전 설비를 이용해 생산한다.

[그림 5] 려명거리에 설치된 태양열 가열기(좌)와 태양광 발전 패널(우). 출처: 변학문 자문 원고 25면 재인용.

김정은 정권은 평양을 중심으로 대규모 건설을 추진했다. 〈에너지 절약형, 녹색형 거리〉, 〈영(제로) 탄소 건축〉을 표방하면서 이곳에 태양열이나 태양광[30] 등 재생 에너지 기술과 함께 자신들이 보유하고 있는 에너지 절약 기술을 대거 도입했다고 주장했다.

대표적 사례로 2017년 4월 완공된 평양의 려명거리를 꼽을 수 있다. 려명거리에 건설된 아파트의 경우, 창틀에 부착된 차단판을 이용해 여름에 실내로 들어오는 햇빛을 차단

---

30   태양열 발전은 태양에서 나와 지구에 도달하는 열에너지를 활용해 전기 에너지로 전환하는 발전 방식이다. 태양열로 직접 물을 데워 난방이나 온수로 사용하거나 태양열로 물을 끓여 그 증기로 터빈을 돌려 전기를 생산한다. 겨울철에는 태양의 고도가 낮아 태양열을 많이 모을 수 없어 사용하기 어렵다. 태양광 발전은 태양에서 나와 지구에 도달하는 빛에너지를 전기로 변환시키는 발전 방식이다. 태양광 전지판을 이용해 태양 빛을 직접 전기 에너지로 전환한다. 빛에너지를 이용하기 때문에 흐린 날에도 이용할 수 있다.

함으로써 냉방 전력 소비를 90퍼센트 이상 낮췄다고 한다.[31] 또한 집광기, 태양 빛 유도관, 산란기 등을 이용해 햇빛이 들지 않는 지하 시설물에 150~200룩스 밝기의 자연 채광을 제공함으로써 연간 130킬로와트의 전력을 절약하는 기술도 도입했다고 선전한다.[32]

북한의 재생 에너지와 각종 절약 기술 활용은 생활 전력 충당뿐 아니라 생산 현장에서도 적극적으로 사용되고 있다. 그 대표적인 사례가 류원신발공장과 평양화장품공장이다.

류원신발공장은 2015년 1월부터 약 2년 반 동안 현대화를 진행하는 과정에서 국가과학원이 개발한 4백 킬로와트급 태양광 발전 체계를 도입했다. 이와 함께 건물에 단열 창문을 설치하고 태양열 옥상 온실을 만들어 전력 소비를 줄이기 위해 노력했다. 그 결과 류원신발공장은 신발 생산을 비롯해 사무실 조명, 탁아소 난방, 식당 운영 등 필요한 모든 전력을 자체적으로 충당한다고 주장하고 있다.[33]

31 「려명거리에 도입된 록색건축기술들 (1)」, 〈조선의 오늘〉 웹 사이트, 2017년 5월 10일 자.

32 「려명거리에 도입된 록색건축기술들 (2), (3)」, 〈조선의 오늘〉 웹 사이트, 2017년 5월 11일, 12일 자.

33 「에네르기 절약형 통합생산체계가 구축된 공장의 새 모습」, 『로동신

[그림 6] 류원신발공장에 설치된 4백 킬로와트급 태양광 발전 패널. 출처: 변학문 자문 원고 26면 재인용.

평양화장품공장도 에너지 절약형 생산 체계로 평가받고 있다. 류원신발공장과 비슷한 시기에 현대화를 마친 이곳은 공장 지붕에 설치한 백수십 개의 태양광 패널로 조명용 전기를 자체 생산하고, 9대의 태양열 물 가열기를 이용해 공장 연구소와 탁아소에 온수를 공급한다. 건물 지하에는 냉각수 탱크를 설치해 화장품 생산에 쓰인 냉각수를 재순환해 환경 오염을 방지하고 전기를 절약한다고 한다. 평양화장품공장은 이러한 기술과 설비들을 이용해 2017년 10월 현대화 완료 당시 생산을 포함해 공장 운영에 필요한 전력의 70퍼센트 정도를 자체 해결했다고 알려졌다.[34]

문』, 2017년 10월 31일 자.

34 「경애하는 최고령도자 김정은동지께서 새로 개건된 평양화장품공장을 현지지도하시였다」, 『로동신문』, 2017년 10월 29일 자.

1장 기후 위기 속 북한, 그 인식과 대응

[그림 7] 평양화장품공장 옥상에 설치된 태양광 발전 패널. 출처:『로동신문』,
2019년 1월 18일 자.

북한이 환경에 관심 있다거나 기후 위기에 대응한다고
하면 핵 개발, 미사일 도발, 3대 세습, 공포 정치, 경제난, 대
북 제재 등이 먼저 떠오르는 사람에게는 상당히 어색할 수
있다. 하지만 앞서 살펴본 것처럼 북한도 나름의 방법으로
기후 위기에 대응하고 있다. 그럼에도 불구하고 갈 길이 멀
어 보인다. 더욱 근본적으로 해결하려면 경제와 대외 관계
가 안정되어야 한다. 태양광 패널을 설치할 수 없는 가난한
개인들은 여전히 나무로 땔감을 사용할 수밖에 없기 때문
이다.

2장

감염병을 대하는 북한의 태도와 그 이해

1
기후 위기가 건강권과 감염병에 미치는 영향

온실가스 배출에 따른 지구 온난화는 기후 위기를 초래했고, 이는 자연환경과 동식물에 큰 영향을 미치는 자연재해, 해수면 상승 등으로 나타난다는 점을 확인했다. 그리고 자연환경과 동식물의 위기는 결국 사람에게도 영향을 미친다. 인간의 생명권, 건강권, 식량권, 주거권, 생존권 등 인류의 기본권을 위협하면서 인간 사회 전반에 심각한 영향을 끼친다. 따라서 최근에는 기후 위기를 단순한 환경 문제가 아니라 인권 문제라고 인식하기 시작했다.

인권 문제는 바로 드러나는 인권 침해 문제 해결과 함께 인권 향상을 달성할 수 있는 조건이 형성되어야 근본적으로 개선된다. 기후 위기도 이와 같은 인식이 필요하다.

지구의 온도 상승에 따른 기후 변화는 〈그림 8〉처럼 크게 악성 자연재해, 생태계 파괴, 감염병 확산 등으로 나타난다.

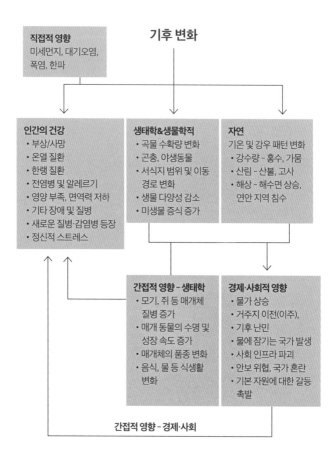

[그림 8] 기후 위기가 미치는 영향. 출처: A. J. 맥마이클, C. D. 버틀러, J. 딕슨, 「기후 변화, 식량 시스템 및 인구 건강 위험은 환경 사회적 맥락에서 발생한다」, 『*Public Health*』 제129호 제10호(2015): 1361~1368. 이를 토대로 장지혜 어린이의약품지원본부 사무차장이 재구성.

2000년부터 2019년까지 20년 동안 홍수는 그 전 시기와 비교해 134퍼센트 증가했다. 2020년에는 연평균 홍수 발생 건수인 163건보다 23퍼센트 더 많이 발생했고, 사망자는 연평균 5,223명에 비해 18퍼센트 증가했다. 가뭄은 29퍼센트 증가했고, 그로 인해 14억 3천만 명이 영향을 받았다.[35] 즉, 20년 동안 전 세계에서 7,348건의 자연재해가 발생해 40억 명이 피해를 봤고, 해마다 자연재해로 목숨을 잃는 사람이 51만 명에 이른다.[36]

자연재해는 직접적 인명 피해는 물론이고 생태계 파괴로까지 이어진다. 생태계 파괴는 해당 지역 환경 및 감염 매개체 등의 변화를 촉진하면서 농지 손실에 따른 식량난, 신종 바이러스 출현 등 서로 영향을 주고받으며 악순환을 되풀이하고 있다. 기후 위기로 촉발된 변화는 하나의 원인이 하나의 결과만 만들어 내는 것이 아니라 다양한 원인과 결과가 유기체처럼 서로 영향을 미친다.

〈그림 9〉는 기후 위기와 감염병 발생의 상관관계를 도식화한 것이다. 기후 위기로 인해 수인성 질환 등 감염병에 노

---

35 WMO, *2021 STATE OF CLIMATE SERVICES – WATER*, 2021, 9.
36 UNDRR, The Human cost of disasters: an overview of the last 20 years(2000–2019), 2020, 6.

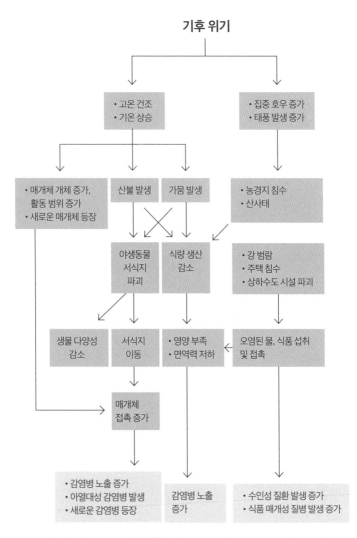

[그림 9] 기후 위기와 감염병 발생의 상관관계. 출처: 장지혜 어린이의약품 지원본부 사무차장 작성.

출되는 빈도가 높아졌다. 그리고 새로운 감염병의 등장으로 목숨을 잃는 사람도 증가하고 있다.

코로나19 발생으로 감염병을 기후 위기와 연결하는 경향이 높아졌다. 남한의 국회입법조사처에서도 야생동물의 밀수, 공장식 축산, 기후 위기로 인해 신종 감염병이 증가하고 있다는 보고서를 발표했다.[37] 또한 한국기후변화학회 전문가들을 대상으로 기후 위기와 신종 감염병의 연관성을 묻는 설문에 77퍼센트가 관련 있다고 대답했다.[38] 2022년 8월 발표한, 미국 하와이 대학교와 위스콘신 대학교, 스웨덴 구텐버그 대학교 등이 공동 연구해 7만 개 이상의 관련 논문을 분석한 결과, 인간의 감염성 및 병원성 질환의 58퍼센트가 가뭄, 폭염, 홍수, 산불 등 10가지 기후 위기 현상으로 더욱 악화되었다.[39]

세계적인 도시화 진행은 야생동물의 서식지를 파괴했고, 그 과정에서 야생동물과 사람의 접촉면을 확대했다. 이

37   이혜경, 「환경 파괴로 늘어나는 전염병 현황 및 대응 방안」, 『이슈와논점』 제1699호(2020).

38   조효제, 『탄소 사회의 종말』.

39   Mora, C., McKenzie, T., Gaw, I. M. et al. Over half of known human pathogenic diseases can be aggravated by climate change, *Nature Climate Change*, 2022. 8. 8.

는 동물의 바이러스가 인간에게 전해지는 확률을 높였다. 또한 그동안 질병을 옮기던 모기와 쥐 등과 같은 매개체들의 서식지를 바꾸어 놓았고, 더욱이 지구 온난화로 인해 그 매개체 수와 수명이 증가했다.

실제로 사계절이 뚜렷했던 한반도는 점차 아열대 기후로 변하고 있다. 농촌진흥청은 제주도에서 재배하던 감귤이 곧 강원도 해안 지역에서도 재배 가능할 것으로 전망했다.[40] 지구 온난화는 과일과 식재료 등의 생산지 변경은 물론이고 변화한 기후의 질병, 즉 아열대성 감염병과 질병의 발병 소지를 높였다.

열대 지역에 주로 전파되던 말라리아의 경우, 남한에서 최근 10년간 평균 532.6건이 꾸준히 발생하고 있다. 또한 열대 숲모기 류를 통해 감염되는 뎅기열도 2001년 처음으로 6건 발생했고, 코로나19 팬데믹 이전 10년간 평균 193.4건이 보고되었다. 이 외에도 일본 뇌염, 쓰쓰가무시병, 콜레라 등의 감염병 발생도 꾸준히 증가하고 있다.[41]

기후 위기는 이렇게 건강권에 치명적 영향을 미치고 코

---

40 농업진흥청 보도자료, 「〈온난화〉로 미래 과일 재배 지도 바뀐다: 기후 변화 시나리오 반영한 6대 과일 재배지 변동 예측」, 2022년 4월 13일.
41 감염병 포털 주요 통계(기간별), 말라리아 2012~2021년 연도별 검색, 뎅기열 2010~2022년 연도별 검색, 질병관리청 누리집.

로나19 팬데믹은 그 사실을 인류에게 정확히 확인시켜 주었다.

2
2000년 이후 발생한 신종 감염병에 대한 대응

2000년 들어 새로운 감염병[42]이 자주 발생했다. 특히 신종 코로나바이러스 계열이 본격적으로 등장했는데, 발견된 6종 중 4종은 일반 감기와 같이 증상이 심하지 않은 호흡기 계통 질병을 일으켰지만, 나머지 2종인 사스(중증 급성 호흡기 증후군)와 메르스(중동 호흡기 증후군)는 사람들에게 치명상을 입혔다.

김정은 집권기의 북한 역시 세계적으로 유행한 감염병의 영향을 그대로 받았다. 이는 김정은 정권도 해외 여행객 유치에 적극적이었고 경제 발전을 위해 세계와 교류를 강조

---

42 감염병은 전염병과 같이 사람 간 접촉을 통한 균 및 바이러스의 전파뿐 아니라 동물, 환경 등의 상호 작용으로 인한 질병까지 포함한다. 남한에서는 2010년 12월 30일부터 법률 제9847호에 근거해 감염병으로 통칭하고 있다. 출처: 전예목, 「6·25 전쟁 시기 〈세균전〉 설 제기 과정과 내막」, 『군사』 제120호(2021), 12.

하면서 나타난 자연스러운 현상이었다.

북한 당국은 이러한 감염병들이 전 세계적으로 유행할 때 아래와 같은 움직임을 보였다.

북한은 2003년 사스 발생 시 국경을 전면 통제했다. 하지만 입국 금지 조치는 하지 않았고 입국자를 대상으로 격리 조치만 취했다. 이후 신종 플루, 메르스, 에볼라 유행 시에는 검역을 강화했으나 국경 폐쇄는 하지 않았다.

북한은 기본적으로 감염병 환자의 발병 사실을 공개하지 않아 사스, 메르스 발병자의 유무와 그 규모를 전혀 파악할 수 없다. 하지만 신종 플루와 코로나19의 확진 사실은 보도했다.

북한은 2014년 10월 에볼라 바이러스 감염자가 세계적으로 1만 명 이상 증가하고 사망자가 5천 명에 이르자 관련 보도를 쏟아 냈다. 김정은 집권 시기 많이 언급한 신종 감염병 중 하나로, 이와 관련한 보도는 2021년까지 이어졌다.

당시 북한의 에볼라 대응 조직은 국가비상방역위원회였다. 그리고 전국 행정 구역과 공장, 기업소, 기관 등 모든 조직에 비상방역위원회를 설치했으며 사업을 추진한 집행 조직으로 비상방역지휘부를 두었다. 전체 지역 및 집단 단위의 비상방역지휘부는 해당 지역 및 조직의 상황과 사업 추

구분	사스	신종플루	메르스	에볼라	코로나19
유행 시기 (발생지)	2002. 11 ~ 2003. 7 (중국 광둥성)	2009. 4 ~ 2010. 8 (미국 샌디에이고)	2012. 4 ~ 2015. 12 (사우디 아라비아)	2013. 12 ~ 2017. 6 (서아프리카)	2019. 11 ~ 현재 (중국 우한)
입국 금지 조치	△	×	×	○	○
국경 전면 통제	○	△ (검역 강화)	△ (검역 강화)	△ (검역 강화)	○
자국 내 발병 보도	×	○	×	×	○
해외 동향 보도	○	○	○	○	○
법령 신설	×	×	×	×	○
비상 방역 조치	○	×	×	×	○
남북 교류 영향	○	○	○	×	○

[표 6] 2000년 이후 북한의 전염병 관련 대응 현황. 출처: 김범환·한하린, 「내륙 개발 도상국LLDCs의 코로나19 방역 경험 및 북한에 대한 시사점」, 『KIEP 기초자료 22-04』, 2022, 21면 재인용.

진 내역을 상부의 국가비상방역위원회에 보고하는 체계를 구축했다.[43]

하지만 모든 감염병 대응에 국가비상방역위원회를 조직한 것은 아니다. 국가비상방역위원회 구성은 전염병 예방법에 규정되어 있는데, 질환의 유행 상황 및 전파 위험성을 판단해 전국적 차원의 대응이 필요할 때만 구성했다.[44]

메르스는 2015년 남한에서 5월 20일 첫 환자가 발생하고 약 한 달 뒤인 6월에 감염자가 175명, 사망자 24명, 격리대상자가 6,500여 명에 달하자 관심을 나타냈다. 하지만 에볼라의 대응처럼 국가비상방역위원회를 조직하지는 않았다.

2000년 이후 발생한 신종 감염병을 대하는 북한의 대응은 한결같았다. 우선, 감염병 대응 주무 기관인 보건성 산하 국가위생검열원 원장 박명수가 기고문을 통해 각 질환의 역사와 증상, 전파 경로 등을 소개하는 동시에 그 예방 대책을 제시했다.[45] 둘째, 각국의 현황 등 통계 정보와 이에 대응하는 국제 사회 움직임을 공유하며 사태를 파악했다. 셋째,

43 「에볼라비루스감염증의 위험성과 그 예방대책」, 『로동신문』, 2014년 10월 30일 자.
44 장명봉, 『2018 최신 북한법령집』(서울: 북한법연구회, 2018), 56~57면.
45 「중동호흡기증후군과 그 예방대책」, 『로동신문』, 2015년 6월 14일 자.

공항 및 항구, 기차 등으로 입국하는 사람들을 대상으로 체온을 측정해 의심 환자를 격리하고 그 원인을 밝히는 검역 사업을 진행했다.[46]

북한의 보건의료 현실은 열악하고 의약품이나 관련 물자 등에 대한 수급이 불안정해 외부에서 들어오는 바이러스를 무조건 막아야 했기에 이런 점에 중점을 두었다.

북한은 사람에게 전염되는 감염병도 문제이지만 아프리카돼지 열병과 같은 동물 전염병도 걱정이었다.

질병을 일으키는 원인에는 크게 세 가지가 있는데, 진균(곰팡이), 세균(박테리아), 그리고 바이러스다. 진균이나 세균에 의한 질환은 바이러스에 의한 질병보다 비교적 증상이 가볍고 예방이 수월하다. 하지만 바이러스에 의한 감염병은 치명적일 수 있고 예방도 어렵다. 이는 세균보다 유전자 수가 극히 적어 변이를 일으키기가 쉽기 때문이다. 그래서 바이러스가 원인인 신종 감염병들은 인간과 동물 모두에 영향을 미치는 인수 공통 감염병으로 나타난다.

이러한 원인으로 인해 북한에서도 2019년과 2020년에 동물성 전염병인 아프리카 돼지 열병에 대한 언급이 많았

---

46 「우려를 자아내는 메르스 전염병의 급속한 전파, 이에 대처하기 위한 국제적 움직임」, 『로동신문』, 2015년 6월 24일 자.

[그림 10] 에볼라 방역에 대해 교육받는 대동강구역위생방역소 보건의료인들.
출처: 『로동신문』, 2014년 10월 30일 자.

다. 그리고 사람에게서 발병하는 감염성 질환의 공개를 꺼리는 것과 달리 아프리카 돼지 열병의 발생 사실은 국제 사회에 공개했다.

북한은 2019년 5월 30일 아프리카 돼지 열병의 발병 사실을 세계동물보건기구OIE에 보고했다. OIE의 발표에 따르면 북한은 2019년 5월 23일 자강도 우시군에 있는 북상협동농장에서 신고되어 5월 25일 확진했다. 농장 내 사육 돼지 99마리 중 77마리를 폐사하고 22마리를 살처분했다. 덧붙여 북한 내 이동 제한, 지역 봉쇄, 사체와 부산물 등 폐기물 처리, 살처분, 소독과 같은 방역 조치를 취했다.[47]

47   농림축산식품부 보도자료, 「북한, 아프리카돼지열병 최초 발생 - 19.

동물성 전염병 방역 또한 중요한 문제였다. 이는 축산과 연계한 식량 자원의 하나였기 때문이다. 김정은이 〈축산에서 방역은 곧 생산〉이라고 언급할 정도였다.[48]

OIE에 아프리카 돼지 열병의 발병 내용을 보고하면서 다른 감염성 질환과 마찬가지로 주민들에게도 이 질환의 위험성을 알렸다. 하지만 그 대응은 보건성이 아니라 농업성에서 담당했다. 주민들의 감염병에 대한 실무 책임 기관은 보건성 산하의 국가위생검열원이고, 동물성 감염병은 농업성 산하의 중앙수의방역소가 맡았다.

2020년 당시 중앙수의방역소 소장이었던 우성림은 신문 기고문을 통해 아프리카 돼지 열병에 대한 면역 기전이 밝혀지지 않아 치료 약과 백신이 개발되지 않았다며, 이를 막기 위해서는 바이러스 침입 및 전파를 방어할 강력한 방역 대책을 수립하고 감염된 돼지들을 모두 적발해 도살할 수밖에 없다고 강조했다. 아프리카 돼지 열병은 전염성이 상당히 높았기 때문에 북한은 수의 비상 방역 체계를 발동해 위험성을 알리면서 주민들의 관심을 높이고자 했다.[49]

05. 30, OIE 공식보고」, 2019년 5월 30일.

48 「방역이자 생산」, 『로동신문』, 2019년 6월 12일 자.

49 「아프리카돼지열병을 철저히 막자」, 『로동신문』, 2020년 2월 23일 자.

기후 위기로 촉발된 감염병들에서는 북한도 자유롭지 않아, 이를 방어하기 위해 자신들이 활용할 수 있는 자원을 총동원하는 모습이었다. 하지만 치료제와 관련 장비 등의 부족은 숨길 수 없는 현실이었다.

필요한 물자를 조달하려면 경제 성장이 뒷받침되어야 했다. 이러한 상황을 근본적으로 타개하기 위해 북한은 2018년 남북 정상 회담에 나섰다. 감염병 관련 합의는 9월 19일 평양에서 합의한 평양 공동 선언에 포함되었다. 그리고 그 선언문에 〈남과 북은 전염성 질병의 유입 및 확산 방지를 위한 긴급 조치를 비롯한 방역 및 보건·의료 분야 협력을 강화하기로 했다〉라고 명시했다. 그리고 한 달 뒤인 10월 15일 평양 공동 선언 이행을 위한 제5차 남북 고위급 회담을 통해 남북 보건의료 분과 회담을 개최하기로 했으며, 11월 7일 분과 회담을 개최해 남북 보건 실무자들이 대면했다.

남북 보건의료 분과 회담 이후 결과를 발표한 공동 보도문에는 전염병 유입 및 확산 방지를 위한 정보 교환, 대응 체계 구축, 기술 협력 등 필요한 대책을 수립하고 2018년 안에 정보 교환을 시범으로 추진하기로 했다. 그리고 결핵·말라리아 등의 진단과 예방 치료 협력에 필요한 실무적 문제는 문서로 교환하기로 했다. 또한 포괄적이고 중장기적인 방역 및 보건의료 사업을 다양한 방법으로 협의 및 추진하면서 이를 효과적으로 이행하기 위한 문제는 남북 공동 연락 사무소를 통해 정례적으로 논의하기로 했다.

남북 보건 당국은 이 결정에 따라 12월 12일 남북 보건의료 국장급 실무 회의를 개최해 분단 이후 처음으로 인플루엔자 관련 정보를 교환했다. 그리고 향후 정기적으로 인플루엔자 정보를 교환하고 기타 감염병 정보 교환 방안을 협의하기로 했다. 더불어 인플루엔자 치료제인 타미플루를 북한에 지원하기로 합의했다.[50] 하지만 2018년 남북의 적극적인 횡보는 계속 이어 가지 못하고 중단되었다.

50　통일부, 「2019 통일백서」, 통일부 누리집(https://www.unikorea.go.kr/books/whitepaper/whitepaper/).

3
코로나19 바이러스와의 전쟁 시작

북한은 2020년 1월 전개된 코로나19 팬데믹 이후 2년 3개월 동안 단 한 명의 감염자도 없었다며 전 세계적 방역의 역사를 새로 썼다고 주장하고 있다.

북한은 실제로 2022년 5월 12일 오미크론 확진자 발표 이전까지 WHO에 확진 진단 검사를 받은 주민 숫자를 알리면서 확진자는 〈0명〉이라고 계속 보고했다. 하지만 북한의 보고를 받아 「코로나19 주간 상황 보고서」를 발표하는 WHO조차 이를 신뢰하지 않았고 우려를 나타냈다.[51]

이렇게 북한 관련 정보는 하나의 현상을 두고 북한 당국과 이를 평가하는 외부의 인식이 항상 극과 극으로 갈린다. 이는 국가 권력의 발표는 기본적으로 불리한 것은 숨기고

---

51   장용석, 「北〈코로나19 진단검사 총6만4207명… 확진자0명〉」, 뉴스1, 2022년 4월 12일.

치적은 과장하는 경향이 있기 때문이다. 특히 북한 정권은 이러한 경향이 그 어떤 국가 권력보다 심하다고 평가받는다. 그동안 평양에 상주하던 국제기구 인력들과 북한 이탈 주민들이 북한 현지 지인을 통해 전해 주는 소식이 이러한 차이를 줄여 주는 역할을 해왔다.

하지만 코로나19 발생 이후 북한에서 상주하며 활동하던 국제기구 인력이 자국으로 모두 돌아간 상태다. 그리고 타국에서 한 명도 북한으로 들어가지 못하는 상황이 3년 동안 이어지면서 북한 현지에서 어떠한 일이 벌어지는지 그 누구도 알 수 없다. 그래서 북한에 관심 있는 사람들은 북한 당국이 발표하는 정보 외에는 북한이 코로나19 방역을 위해 전개한 구체적인 정책을 모르는 것이 현실이다.

이에 북한 당국의 보도와 코로나19 팬데믹 기간 북한에 물자를 북송하면서 경험한 민간단체 등의 사례를 통해 확인한 사실을 토대로 북한이 외부에서 들어오는 코로나19 바이러스를 막기 위해 어떠한 활동을 전개했는지 살펴보았다.

북한은 2020년 1월 9일 중국에서 코로나19 감염 첫 사망자 보고 이후인 1월 16일부터 방송을 통해 그 위험성을 주민들에게 알리기 시작했다.[52] 그리고 1월 22일부터 외국인 관광객의 입국을 중단했다. 이는 중국 여행사들을 통해 확인할 수 있었는데, 〈코로나바이러스 예방 조처로 1월 22일부터 모든 외국인 관광객에게 국경을 일시 폐쇄한다〉라고 공지했다.[53]

하지만 중국 여행사의 공지가 있기 전인 2019년 12월 20일 북한은 이미 중국인의 북한 입국을 금지했다는 증언도 있다.[54] 중국에서는 2019년 12월 초 중국 우한에서 최초 확진자가 발생했다고 보도했다. 중국 정부는 며칠 뒤 이와 관련한 사실을 WHO에 보고했다. 12월에 이를 인지한 북한 당국이 감염병 위험에 대비하는 차원에서 중국인 입국 금지라는 행보를 보였을 가능성도 있다.

어쨌든 북한은 2020년 1월 25일 평양에 들어오는 모든 항공편을 취소하는 동시에 북·중 국경을 완전히 폐쇄했다. 1월 30일에는 국가 기구로 중앙인민보건지도위원회를 설치해 기존 위생 방역 체계를 국가 비상 방역 체계로 전환했으며 중앙인민보건지도위원회 실행 조직으로 내각 총리를

52 강영실, 「코로나19에 대한 북한의 기술적 대응」, 『KDI 북한경제리뷰』 9월 호(2020), 36.
53 이제훈, 「북도 〈우한 폐렴〉에 긴장… 외국인 관광객 입국 중단, WHO와 방역 협력」, 『한겨레』, 2020년 1월 22일 자.
54 김광수, 「코로나로 국경 막힌 북한의 잰걸음」, 『한국일보』, 2021년 8월 3일 자.

책임자로 하는 중앙비상방역지휘부를 구성해 코로나19 대응을 본격적으로 전개했다.[55]

북한은 지금도 국가 전체를 군사 조직처럼 운영하고 있다. 국가 기구의 명칭에서부터 모든 주민을 동원해 사업을 전개하는 행태도 전쟁을 수행하듯 긴장감을 높였다. 코로나19 대응도 마찬가지였다. 이는 남북이 휴전 협정 체제로 전쟁을 잠시 중단한 상태라고 인식하기 때문이다. 그리고 미국 등이 자신들의 체제를 붕괴시키기 위해 호시탐탐 기회를 엿보고 있다는 피포위 의식siege mentality에 따른 결과다.

코로나19 팬데믹 초기에는 이 바이러스에 대한 정보가 없었기 때문에 북한은 새롭게 밝혀지는 국제 뉴스를 취합해 활용했다. 따라서 가장 먼저 환자가 발생한 중국 당국 발표 및 언론 보도와 WHO의 움직임을 예의 주시했다.

북한 당국이 취합한 정보를 살펴보면, 남성보다 여성 환자의 사망률이 60퍼센트 이상 높다, 바이러스가 하수도를 통해 전파될 수 있다, 바이러스의 세포 결합력이 사스보다 최대 1천 배 강하다, 치사율이 돌림감기보다 10배 높다, 바이러스 잠복기가 24일이다, 무증상 전파 가능성을 확인했

---

55   조선중앙통신, 「위생방역체계를 국가비상방역체계로 전환」, 『로동신문』, 2020년 1월 30일 자.

다 등이다. 이와 함께 WHO에서 발표한 마스크 사용법이나 사무실과 집에서 지켜야 할 위생법을 알리고, 감염자를 신속히 확인할 수 있는 검사 기구 개발 상황과 18개월 이내에 백신 개발이 가능하다는 등의 외부 소식을 주민들에게 제공하며 국제적 동향을 파악했다.

그리고 약 한 달 동안 수집한 자료를 검토해 금속 재질에 붙은 코로나19 바이러스는 일주일 동안 생존이 가능하고 방수 물질이 비방수 물체보다 생존 기간이 상대적으로 길다는 결과를 얻었다. 이를 토대로 북한 당국은 타국에서 유입되는 물자에 대한 검사·검역을 엄격하게 시행하기로 결정했다.[56]

북한의 중앙비상방역지휘부는 2020년 2월 말 「다른 나라에서 들여오는 물자들에 대한 소독 지도서(잠정)」와 「신형 코로나 비루스 감염증을 막기 위한 국경 검사 검역 규정(잠정)」을 제작해 해당 기관들에 전달하며 시행하도록 했다.[57]

이 규정에 따르면 소독약은 이산화염소CIO_2를 사용했다.

---

56 김옥별, 「수입물자들에 대한 검사검역을 엄격히 하자」, 『로동신문』, 2020년 2월 23일 자.
57 「위생방역사업의 도수를 더욱 높여」, 『로동신문』, 2020년 2월 24일 자.

그리고 자국 내로 들어오는 물자와 이를 싣고 오는 운반 수단(기차, 트럭, 선박 등) 전체를 대상으로 1차 소독을 실시했다. 소독 방법은 분무소독(이산화염소를 200mg/L 비율로 물에 희석한 소독액 활용)이었고, 검역원이 들어갈 수 없는 공간에는 훈증 소독을 추진했다.[58] 소독약으로 이산화염소를 사용하면서 2020년에는 대북 사업을 하는 해외 교포에게 이산화염소 지원을 요청하기도 했다.

수출입품 검사 검역소에서는 1차 소독을 한 뒤, 2차로 10일 동안 자연 방치를 진행했다. 자연 방치 장소는 검역소의 창고나 운반 수단을 그대로 이용했다.[59] 자연 방치 이후에는 3차 소독 과정을 거쳤다. 3차 소독은 자연 방치 기일이 끝난 물자의 포장을 하나하나 개봉해 2, 3차 포장 용기에 시행하는 절차였다.[60] 3차 소독까지 마친 물자는 마지막 4단계에 이르러 검역관이 확인한 뒤 출하했다. 북한은 해외 유입 물자에 대해 이처럼 4단계의 검역 체계를 실행했다.

58 「수입물자취급에서 지켜야 할 중요한 요구(1)」, 『로동신문』, 2020년 3월 12일 자.

59 「수입물자취급에서 지켜야 할 중요한 요구(2)」, 『로동신문』, 2020년 3월 13일 자.

60 「수입물자취급에서 지켜야 할 중요한 요구(3)」, 『로동신문』, 2020년 3월 15일 자.

2020년 7월 초 중국에서는 수입 식료품 포장지에서 코로나19 바이러스가 발견되어 고기 제품에 대한 수입이 잠정 금지되었다는 언론 보도가 있었다. 그리고 WHO는 코로나19가 공기 전파 가능성이 높다고 발표했는데, 북한 당국은 자신들이 초기부터 강력하게 추진한 방역법이 옳았다며 주민들을 안심시켰다. 동시에 외부에서 들어오는 수입 물자에 대한 검역과 소독 등의 방역 규정을 더욱 엄격하게 적용했다.

이 방법은 2021년에 건열 소독과 습열 멸균 소독으로 바뀌었다. 건열 소독은 70~75도 열에 2시간 동안 물자를 노출하는 방법이고, 습열 멸균 소독은 같은 열로 약 10분간 고압 수증기를 분사하는 방식이었다. 또한 10일의 자연 방치 기간도 30일로 확대했는데, 델타 변이가 발생한 이후에는 40일까지 늘렸다. 2022년 현재 물자마다 자연 방치 기일을 따로 정해 더욱 세분화하고, 식품은 70일에서 90일까지 방치한다는 소식도 들린다. 하지만 이러한 검역 방법을 활용하는 국가는 북한이 유일하다.

3년 동안 코로나19를 겪으면서 이 바이러스에 대한 정보가 축적되어, 물체 표면에 붙은 바이러스를 통한 감염은 사실상 불가능하다는 것이 다수의 의견이다. 이는 남한의 질병관리청과 관련 전문가, 심지어 WHO 등 국제기구들의 공통된 견해다.[61] 하지만 북한은 2022년 5월 12일 오미크론 확진자의 감염 경로를 야산에서 〈색다른 물건〉, 즉 남한에서 유입된 물자를 접촉한 결과라고 발표하면서[62] 코로나19 바이러스의 주된 감염 경로로 물체에 묻은 바이러스와의 접촉을 강조하며 변하지 않은 인식을 보여 주었다.

북한은 왜 이러한 인식과 행동을 보였을까? 자신들의 열악한 보건의료 환경을 우려한 가장 보수적인 조치라는 점을 감안해도 일반 상식선에서 한참 벗어나 있다.

외부 물자에 대한 검역 외에 북한 당국이 코로나19 방역을 위해 대대적으로 전개한 사업은 크게 세 가지로, 검병 검진, 소독, 위생 선전이었다.

검병 검진은 주민들의 질병과 건강 상태를 판정하기 위해 일정한 방법으로 하는 검사와 진료를 의미하는 북한 용어로, 주민들을 대상으로 코로나19 증상이 있는지 확인하는 절차였다. 소독 사업은 물체 표면 등에 묻은 코로나19 바이러스를 소독약으로 없애는 작업으로, 많은 사람이 이용

---

61 이수현, 「통일부 〈대북전단 통한 北 코로나19 유입 가능성 없다〉」, SPN 서울평양뉴스, 2022년 7월 1일.

62 조선중앙통신, 「국가비상방역사령부 악성비루스의 우리 나라 규입경로를 과학적으로 해명」, 『로동신문』, 2022년 7월 1일 자.

하는 건물과 교통수단 등의 내부를 청소하고 소독했다. 마지막으로, 위생 선전은 코로나19 바이러스의 위험성을 알리고 국가의 방역 정책을 설명하는 홍보의 일환이었다.

이러한 사업들은 남한에서도 비슷하게 진행했다. 다만 남북의 경제적 수준과 인프라의 발전 정도 등이 달랐기 때문에, 그 실시 방법에 차이가 있었다. PCR 장비가 부족한 북한에서는 의사들이 주민의 체온을 일일이 체크했고, 인터넷이나 휴대폰으로 관련 정보를 알린 남한과 달리 당원을 중심으로 사람을 대대적으로 동원해 관련 정보를 전파하는 식이었다.

우선, 해외 입국자에 대한 검병 검진 사업의 현실을 엿보면, 북한은 2020년 1월 22일부터 외국인 관광객의 입국을 중단하는 동시에 국경을 봉쇄했다. 이 조치로 북한에는 그 어떤 사람도 입국할 수 없었다. 심지어 자국민의 입국조차 막았다. 이는 지금까지 유지되고 있다.

당시 입국한 외국인과 해외 출장자 중 2020년 1월 13일 이후 입국자를 대상으로 검병 검진을 실시했다. 당시 입국한 외국인은 380여 명이었는데, 이들과 접촉한 모든 사람을 대상으로 했다.[63] 이들은 검병 검진 이후 모두 격리 조치

---

63 「신형코로나비루스의 침습을 막기 위하여」,『조선』, 주체109(2020):40.

되었다.

북한 당국은 해외에서 들어온 사람들이 코로나19 바이러스를 보유하고 있을까 봐 노심초사했다. 해외에서 입국한 사람들을 1차 위험 대상자로 규정하고, 이들과 접촉한 사람들을 2차 위험 대상자로 관리했다. 이들의 격리 해제는 2020년 3월 초부터 진행되었다.

첫 번째 해제 대상자는 2차 위험 대상자, 격리 기일이 30일 지난 외국인, 외국인들과 직접 접촉한 공무원, 안내원, 통역, 운전기사 등이었다. 이들 중 1차 위험 대상자들과 접촉한 이후 40일이 경과하고 의심 증상이 없는 대상을 먼저 해제했다.[64] 여타 국가들의 경우 격리 기간이 통상 2주였지만, 북한은 한 달 넘게 격리 조치를 시행했다.

2020년 1월 30일 국가 비상 방역 체계로 전환되면서 북한 주민들의 삶도 본격적으로 변화하기 시작했다. 출퇴근을 위해 대중교통을 이용할 때마다 안내원은 탑승객의 마스크 착용을 확인하는 동시에 체온을 재고 손 소독을 한 뒤 차량에 태웠다. 직장에 가서도 체온과 손 소독 과정을 거쳐야 사무실에 들어설 수 있었다.

북한의 보건의료 체계는 크게 두 가지로, 행정구역별 이

---

64 「격리해제를 규정대로 엄격히」, 『로동신문』, 2020년 3월 9일 자.

[그림 11] 평양식료품포장재공장 출근길의 검병 검진 모습. 출처:『로동신문』, 2020년 8월 17일 자.

송 체계와 조직 및 집단 진료 체계를 운영하고 있다. 물론 1990년대 중반 어려운 경제 상황 때문에 보건의료 체계가 붕괴되었다는 평가가 있으나 2012년 김정은 집권 이후 이를 복구하기 위한 노력과 움직임을 보였다.

　이에 북한의 공장, 회사, 학교 등 조직마다 진료소나 병원이 있었고 소속 보건의료인들이 출퇴근 시간에 나와 검병 검진을 시행했다. 직장인 등은 보건의료인의 검병 검진을 거친 뒤 사무실에 도착해 자신이 맡은 공간을 쓸고 닦고 소독해야 했다. 이를〈평방 담당 책임제〉라고 불렀는데, 건물 전체를 조직원들의 수로 나누어 모든 소속원이 일정 구역을 아침, 점심, 퇴근 전에 소독하는 방식이었다.

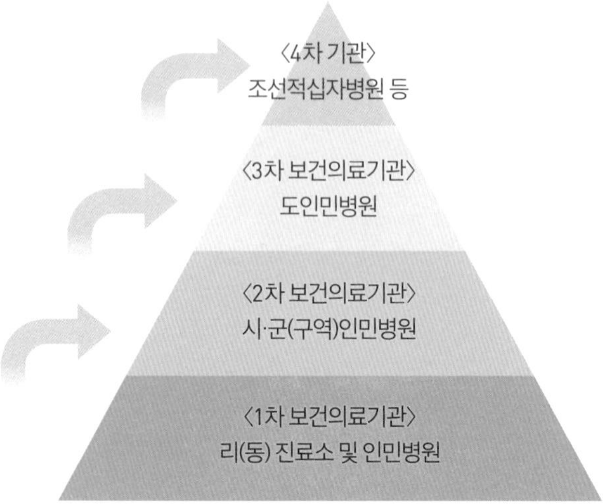

[그림 12] 북한의 행정구역별 보건의료 이송 체계.

또한 국경을 폐쇄한 것과 마찬가지로 자국 내 도(都), 시
(市), 군(郡) 등의 경계마다 위생초소를 설치해 차량과 주민
들의 이동을 통제했다. 이렇게 북한은 감염병을 차단할 때
활용하는 가장 고전적인 방법을 총동원해 코로나19 방역에
나섰다.

그리고 마스크 착용, 체온 체크, 소독 사업 등은 단순한
조직원의 의무가 아니라 꼭 지켜야 할 법규였고 이를 위반
했을 때는 가혹한 처벌이 뒤따랐다. 처벌 규정은 비상 방역
법에 근거를 두었는데, 2020년 8월 새롭게 제정된 법률이

[그림 13] 평양 순안구역 경계 초소에서 차량 및 이동 통행을 제한하는 모습.
출처: 『로동신문』, 2020년 8월 26일 자.

었다.

마스크를 착용하지 않거나 검병 검진에 불참할 경우, 북
한 돈 5천 원을 벌금으로 냈다. 5천 원은 평균 북한 노동자
한 달 월급에 해당하는 큰 금액이었다. 기관이나 공장, 기업
소 등의 단체 및 조직에서 검병 검진 체계를 세우지 않거나
손 소독 시설을 갖추지 않을 경우, 10만~20만 원의 벌금을
부과했다. 또한 수입 물자 방치 기일 등 소독 질서를 어기고
물자를 반입한 경우 50만~100만 원을 벌금으로 납입해야
했다. 만약 위반 사항이 심각할 경우 징역형이나 심지어 사
형까지 규정하고 있었다.

김정은 정권은 코로나19 대응에 조선노동당의 당원과 당
조직을 전면에 내세워 위생 선전을 대대적으로 전개했다.
이는 전체 주민들의 인식을 바꾸는 사업이 선행되어야 하

고 위생 선전을 주로 할 수밖에 없는 북한 감염병 대응 체계의 한계이기도 했다.

북한의 집권당은 조선노동당이다. 북한에는 국가의 모든 조직과 정책을 당이 지도한다는 원칙이 있다. 조선노동당의 최고 의사 결정 기구인 당중앙위원회에서는 국가 비상 방역 체계 전환과 동시에 산하 13개 도·직할시·특별시 당위원회에 코로나19와 관련한 정치 및 조직 사업을 펼칠 것을 명령했다. 이에 따라 산하 당 조직들은 2월부터 대대적인 활동에 돌입했다.

주된 활동은 주민들을 대상으로 방송 선전 차량이나 확성기 등을 이용해 국가 정책을 알리는 일이었다. 또한 당중앙위원회에서 받은 각종 자료를 당원들에게 교육하고, 교육받은 당원들은 일정 주민을 맡아 대면하며 코로나19에 대한 국가 정책을 설명했다.

북한이 당 조직을 통해 대대적인 위생 방역 사업을 전개할 수 있는 이유는 당원이 많기 때문이다. 2021년 1월에 개최한 제8차 당대회를 통해 후보 당원을 포함한 당원의 규모를 파악한 결과 617만 명으로 추산되었다.[65] 2016년 제7차

65   안경모, 「정치제도화론을 통한 당 – 국가체제 정상화론의 재검토: 김정은시대 북한정치 변화를 중심으로」, 『국가안보전략연구원 – 북한연구학회

당대회 때는 360만 명이었는데, 5년 만에 2배로 늘어난 것이다. 이는 전체 2천5백만 인구의 25퍼센트에 육박한다.

김정은은 코로나19 방역 사업을 당원과 당 조직을 강화하는 계기로 만들었고, 이들을 동원해 정부의 정책을 주민들에게 설명하며 이행하도록 강제했다. 하지만 섬나라가 아닌 북한이, 중국과 1천4백 킬로미터에 달하는 국경을 맞대고 있는 상황에서 완전하고 완벽하게 봉쇄하기란 쉽지 않았다. 전쟁과 같이 코로나19에 대응하며 버텼지만 2022년 5월 12일 김정은은 직접 언론에 나와 코로나19 확진자 발생을 발표할 수밖에 없었다.

세계적 차원에서 국경을 완벽하게 폐쇄한 시도가 없었던 것은 아니다. 1918년 스페인 독감 때 남태평양의 4개 섬에서 국경을 완전히 막았다. 이 섬들은 3개월에서 30개월까지 감염병을 방어했으나 결국 스페인 독감이 전파되었다. 이렇듯 국경을 완벽히 봉쇄한다는 것을 사실상 불가능하다.[66]

2022년 5월 12일 북한은 오미크론 확진자 발생을 공식화했다. 동시에 매일 열이 있는 유열자,[67] 완쾌자, 치료자, 사

공동학술회의 자료집』(2022), 32.
66 니컬러스 A. 크리스타키스, 『신의 화살』, 홍한결 옮김(파주: 윌북, 2021).
67 북한이 발표한 〈신형코로나비루스감염증 치료안내지도서 〈어른용〉에

망자의 통계를 집계해 공개했다. 확진자 공개 초기인 5월 16일에는 신규 유열자가 39만 2,920명에 달했고, 5월 20일에는 26만 3,370명으로 정점을 찍은 후 계속 감소 추세를 보였다. 그리고 2개월 뒤인 7월 30일부터 신규 유열자가 발생하지 않았고, 8월 10일 전국비상방역총회회의에서 〈방역 승리〉를 선언했다. 누적 유열자는 477만여 명이었고 사망자는 74명이었다.[68]

북한은 2022년 8월 10일 이후 이미 오미크론 방역에 성공했다고 정리한 상태이지만 공개한 통계 지표는 많은 의구심을 자아냈다. 우선, 확진자가 아니라 유열자를 파악해 격리 및 치료 대상자로 분류한 점이다. 남한 의료인들은 유열자 모두 코로나19 확진자가 아닐 수도 있고 무증상자도 존재하기 때문에 유열자 통계는 과학적이지 않다고 지적했다. 이는 오히려 PCR 장비 등을 통한 정확한 코로나19 확진이 어려운 환경을 보여 주는 지표라고 입을 모았다. 두 번째는 74명이라는 사망자 통계다. 이는 북한의 오미크론 치명률이 0.002퍼센트라는 의미로, 남한의 백신 미접종자 치명

의하면 체온이 37도 이상일 경우 경증, 38.5도 이상일 경우 중등증, 39도 이상일 경우 중증으로 분류하고 있다. 이에 체온을 체크해 37도 이상 발열자를 유열자로 분류하고 있음을 확인할 수 있다.

68   통일연구원, 북한 코로나19 현황 통계 자료 검색.

률 0.6퍼센트에 비해 그 차이가 너무나 컸다.

특히 북한 주민들은 코로나19 팬데믹 이후 한 번도 백신을 접종한 적이 없고, 어려운 경제 사정으로 인해 주민들의 영양 부족과 낮은 면역력은 대북 지원을 하는 민간단체와 국제기구 등이 항상 우려하는 점이었다. 이러한 현실에서 남한의 감염병 전문가들은 북한이 밝힌 치명률은 비과학적이고 비상식적이라고 평가하면서, 사망자가 10만 명에서 15만 명에 달할 것으로 예측했다.[69] 하지만 북한 내부의 현실은 그 누구도 알 수 없다.

북한 통계에 대한 과학성 결여와 함께 북한 당국이 유열자 치료 방법으로 한약 투여와 민간요법을 제시하면서 북한 주민들의 건강에 대한 우려가 더 커졌다. 이를 보도한 남한의 언론에 따르면 〈금은화를 한 번에 3~4그램씩 또는 버드나무 잎을 한 번에 4~5그램씩 더운물에 우려서 하루에 3번 마실 것〉과 소금물로 자주 입을 헹구는 치료법을 제시했다.[70]

북한 보건 당국은 오미크론 확진자 발표 일주일 뒤 「환자

69   김소영, 「北, 코로나 사망 10만~15만명 전망… 〈대통령이 의료협력 공개 제안해야〉」, 『농민신문』, 2022년 6월 22일 자.
70   정영교, 「〈열나면 버드나무잎 우려먹어라〉, 〈제로백신〉 北 웃픈 방역」, 『중앙일보』, 2022년 5월 14일 자.

치료를 위한 치료 안내 지도서」를 제작해 배포했다. 이 지도 서는 성인용, 어린이용, 산모용으로 나눠 세 가지로 작성되 었는데, 여기에는 코로나19 감염증 환자의 확진 기준, 중증 도 판정 기준 및 분류, 치료 원칙 등을 상세하게 담았다. 더 불어 치료 방법도 제시했는데, 성인용 지도서를 기준으로 정리하면 다음과 같다.

북한이 제시한 치료 안내 지도서를 통해 코로나19 대응 을 양방과 한방 치료를 혼합해 활용하고 있음을 알 수 있다. 항바이러스제도 우엉에서 추출한 〈우웡항비루스물약〉을 포함하고, 증상에 따른 치료도 합성 의약품과 함께 다양한 한약과 민간요법을 제시했다. 이는 어린이 및 산모용 지도 서에도 마찬가지로 적용되었다.

또한 김정은이 주재하는 코로나19 대응 공식 회의에서 도 상태가 심하지 않은 경환자에게는 효능 높은 고려약(한 약)을 치료에 적극적으로 도입할 것과 신약과 고려약을 배 합해 치료 효과를 증폭시키기 위한 치료법 완성을 강조했 다. 더불어 전국의 제약 공장과 고려약 공장에 감염병 예방 과 치료에 필요한 주사약과 고려약 생산을 보장하라는 조 치를 내렸다.[71]

71 정치보도반, 「조선로동당 중앙위원회 정치국 협의회 진행」, 『로동신

대상	경증 및 중증 환자			중증 및 최중증 환자	
목적	항바이러스제	대증 요법	고려 치료 (한방)	호흡 및 항염증제	2차 세균 감염 및 혈압
약제 및 대응	• 우웡항비루스물약 • 인터페론α알약 • 재조합사람인터페론α-2b주사약	해열제 • 파라세타몰 • 볼타렌 • 이부프로펜 고열·콧물·기침 • 디메드롤 • 클로르페니라민 • 종합감기약 • 코데인 인후통 • 소금물 가글 • 포비돈요드인두물약 • 요드꿀 • 붕산꿀 점액성가래 • 브롬헥신	해열제 • 패독산 해열·인후통 • 금은화개나리잎감기싸락약 무기력·위장장애 • 방아풀정기물약 고열·기침·가래 • 정천탕 고열·경련 등 • 안궁우황환 • 우황청심환	호흡부전 • 산소포화도 관리 • 산소요법 • 비침습적 기계적 환기 (NIV) • 기관삽관 • 침습적 기계적 환기 (IMV) 스테로이드호르몬제 • 덱사메타존 • 프레드니졸론	항생제 • 페니실린 • 레보플록사신 • 세프트리악손 순환부전 • 혈압 관리 • 수액 • 혈관 수축제

[표 7] 성인 코로나19 환자 치료 방법. 출처: 『로동신문』, 2022년 5월 21일 자 기사를 토대로 재정리.

주무 부서인 보건성에서는 6월 1일 아예 〈코로나19 감염증 치료를 위한 민간요법〉이라는 제목의 참고 자료를 배포

문』, 2022년 5월 21일 자.

〈열이 나는 경우〉
- 금은화 10~15g을 물에 달여 하루 2~3번 나누어 먹는다.
- 개나리 열매 15~20g을 물에 달여 하루 3번 나누어 먹는다.
- 대파 흰대 5~7개를 물에 달여 한 번에 먹고 더운 방에서 땀을 낸다.
- 생강을 갈아 작은 술잔 반 잔 정도의 즙을 내어 사탕가루(설탕)를 넣고 잠자기 전에 마신다.

출처: 『로동신문』, 2022년 6월 1일 자.

하기 시작했다. 이 자료에는 〈표 7〉과 같은 대증 요법에 적용할 수 있는 민간요법과 주의 사항 등을 담았다.

이 외에도 기침, 가래, 인후통 등으로 증상을 분류해 다양한 민간요법을 제시하면서, 그 가운데 해당 증상에 맞는 처방 1~2가지를 선택해 사용하면 효과를 볼 수 있다고 언급했다.

이 정도 대응이라면 북한 당국은 한방과 민간요법에 진심이고, 더 나아가 하나의 중요한 국가 보건의료 정책이라고 평가할 수 있다.

실제로 북한은 〈주체의학〉을 표방하며 신의학과 한의학, 더하여 민간요법을 배합해 환자를 치료하고 질병을 예방하는 정책을 자신만의 독특한 보건의료 정책이라 선전하고 있다. 그리고 이러한 방향은 이미 1956년 제3차 당대회에서 제시되어 그 역사가 길다.

북한 당국이 오랜 기간 주체와 자주를 강조하면서 의약품 생산에서도 자국 내에서 확보 가능한 약초를 주로 활용하게 되었고, 모든 보건의료인은 침이나 뜸과 같은 한방 치료가 가능하도록 교육받았다.[72] 그리고 1962년에는 전국에 산재한 4백여 종의 민간요법을 수집해 체계화하는 사업도 전개했다.[73] 그 결과, 북한은 현재 양방 및 한방, 양약과 한약의 구분이 모호한 독특한 보건의료 환경을 구축했다. 그렇기 때문에 2022년 북한의 코로나19 환자 치료 행태가 우리에게는 이상해 보이지만, 북한으로서는 70년 가까이 구축한 자연스럽고 당연한 대응이라고 할 수 있다.

그렇다면 코로나19 환자 치료에 한방이나 민간요법을 사용하는 국가는 북한뿐일까?

서양 의학이 본격적으로 도입되기 전까지 남북은 물론이고 중국, 일본 등에서도 한의학으로 감염병을 치료했다. 물론 직접적 치료보다는 증상을 완화하거나 면역력을 강화하는 목적이 강했다. 하지만 2000년 이후 신종 감염병들이 등장하면서 한방 자원을 방역 사업에 적극적으로 활용하는 모습을 확인할 수 있다.

72 엄주현, 『북조선 보건의료체계 구축사 I』, 501~505면.
73 위의 책, 403면.

우선, 중국은 2003년 사스를 겪으면서 중의사들을 방역과 치료에 참여시켰다. 이전까지는 중의사를 배제했다. 중국은 더 나아가 〈전염병 방치법〉과 〈중의약법〉을 개정해 감염병 치료에 한약과 중의사의 적극적 활용을 법제화하기도 했다. 그 결과, 코로나19 사태 때도 『중의치료 임상지침』을 발간해 실제 현장에서 활용했다.

일본 한의학계도 오미크론 감염 이후 상기도 감염 증상에 추천하는 한약 처방으로 〈형개연교탕〉이 있다. 이는 북한에서 제시하는 은교산이나 패독산과 유사한 처방이라고 한다.

남한 한의계는 아직까지 감염병 치료에 적극적으로 참여하지 못하고 있다. 하지만 2021년부터 대한한의사협회에서는 자체적으로 코로나 감염병 치료 센터를 개소해 자가격리자 등을 대상으로 원격 치료를 시행하고, 개별 한의원에서는 코로나19 후유증 환자들의 치료에 적극적으로 나서고 있다. 이때 많이 처방하는 약제가 은교산인데, 주요 구성 약재는 북한에서 언급한 금은화다.[74]

74 김지만, 「한약 및 민간요법 대응의 유효성」, 『북한 코로나19 확진, 46일에 대한 이해』, 어린이의약품지원본부 평화심포지엄, 2022년 6월 26일, 100~102면.

이렇게 코로나19 치료에 한방을 활용하는 국가는 있다. 하지만 북한과 같이 이를 전면에 내세우는 것이 아니라 면역력을 높이거나 간단한 대증 요법에 활용하는 수준이다. 문제는 한방이나 민간요법은 치료제가 아니라는 것이다. 북한 보건 당국이 항바이러스제로 언급하는 3개 약제인 우웡항비루스물약, 인터페론α알약, 재조합사람인터페론 α-2b주사약 모두 세계적으로 용인되거나 사용하는 의약품이 아니다. 우웡항비루스물약은 우엉에서 추출한 천연 약물로 보이며, 나머지 두 약제는 코로나19 임상에 효과가 전혀 없다고 판명된 약물이라고 한다.

결국 북한의 오미크론 대응은 치료에 필수적인 의약품에 접근하지 못한 채, 외부의 도움 없이 자국 자원으로 대응하고 있는 것이다.

4
감염병은 생화학 무기

2020년 코로나19 팬데믹 상황에서 북한 당국이 추진한 정책을 보면 너무 과도하다는 생각을 지울 수 없다. 3년 가까이 자국민조차 입국을 불허하고 4단계 검역 체계를 운용하면서 모든 수입 물자를 한 달 이상 자연 방치하거나 병역 관련 법 조항 위반 시 사형까지 규정한 국가는 북한이 유일하다. 이러한 과도한 대응 이면에는 두려움이 존재하는 것 아닐까? 북한이 감염병 발생을 정말 무서워한다는 생각을 지울 수 없다.

코로나19 발생 직후부터 국제기구와 국제 NGO, 남한 및 미국 정부, 민간단체 등은 북한 당국에 코로나19 백신 제공을 여러 차례 제안했다. 하지만 북한은 이를 수용하지 않았다. 외부에서 보내오는 백신과 이를 갖고 들어오는 인력이 자신들의 체제를 붕괴시킬 수 있다는 판단 때문이 아니라면, 북한의 태도를 이해하기 어렵다.

북한 당국의 이러한 인식은 2014년 에볼라와 2015년 메르스 때도 드러났다. 〈에볼라 바이러스는 20세기 흑사병으로 알려진 에이즈와 마찬가지로 미국이 수십 년 전부터 생물 무기 연구 과정에서 나타난 전염병이다,[75] 2015년 메르스가 남한에 퍼진 것은 미국 국방부의 세균전 실험의 산물이다[76]〉와 같은 식이다.

북한의 의심은 실제로 한 해외 교포가 2014년 북한을 방문했을 때 미국이 에볼라 바이러스를 자국 내로 들여보내려 한다는 얘기를 공공연히 들었다는 사실과, 2015년 북한 세관원이 개성을 방문한 남한 사람에게 〈메르스가 주한 미군에 의해 발생한 것〉이냐고 질문했다는 점에서 알 수 있다. 당시 남한 방문자는 농담을 진지하게 한다고 느끼며 큰 의미를 두지 않았다. 하지만 북한 주민들은 이를 진심으로 믿고 있다.

그리고 북한만 미국을 의심한 것이 아니다. 2013년 에볼라 유행 당시 기니 등 서아프리카 발생 지역에서도 미군 시

75　「단평 유치한 놀음」, 『로동신문』, 2014년 9월 14일 자.
76　「남조선에서 확대되고 있는 중동호흡기증후군은 미국방성의 세균전 실험의 산물이다」, 『로동신문』, 2015년 6월 26일 자.

설에서 에볼라 바이러스가 인위적으로 만들어졌다거나 정부가 발병 지역에 외국 원조를 끌어들이기 위해 계획한 일이라는 소문이 무성했다.[77]

특히 북한의 이러한 주장에 힘을 보태 주는 사건이 발생했다. 2015년 11월 주한 미군은 미군 관할지인 부산항 8부두에 생화학 프로그램 관련 시설 도입을 인정했다. 그리고 생물학 무기로 쓰이는 〈살아 있는 탄저균〉을 주한 미군을 포함해 세계 각지 미군 기지에 배달한 사실이 언론에 공개되기도 했다.[78]

북한은 실제로 인위적으로 만들어진 바이러스와 세균이 자신들을 몰살시킬 수 있다고 우려했다. 이러한 처지에서 감염병은 질병 차원의 문제가 아니라 안보의 문제였다. 그리고 더 심각한 것은 과대망상적 증상처럼 보이는 트라우마가 1950년 6·25 전쟁 때부터 시작된 70년 이상의 중증이라는 것이다.

북한은 1951년 초부터 미군의 세균전을 우려하며 반발했다. 세균 무기 준비를 위해 맥아더 사령부가 세균 배양 매

---

77 마크 호닉스바움, 『대유행병의 시대』, 제효영 옮김 (서울: 커넥팅, 2020).
78 김원식, 「주한미군 〈탄저균 실험〉 극비 진행했다」, 『시사저널』, 2022년 7월.

체 주문을 완료했다고 베이징발 신화통신을 인용해 보도했다.[79] 이후 북한 외무상이 유엔에 미군의 세균 무기 범죄를 항의하는 성명을 보냈고, 중앙방역위원회를 국가비상방역위원회로 개편해 세균 무기에 본격적으로 대응하는 태세를 갖추기도 했다.[80] 이러한 북한의 대응은 현재까지 그대로 적용되고 있다.

하지만 6·25 전쟁 중에 불거진 미군의 세균 무기 사용은 여전히 논란이 되고 있다. 북한과 중국은 세균 무기 사용 주장과 증거들을 공개했으나 미국은 공산주의자들의 흑색선전이라며 일축했다.[81] 그리고 중국과 소련의 당시 자료들이 공개되면서 공산 진영 상층부가 세균전을 정치적으로 활용하기 위해 증거를 조작했다는 증언도 나왔다. 하지만 이 또한 미군의 세균전을 명백하게 부정하는 근거로 보기 어렵다는 입장이 존재한다.[82]

진실이 무엇이든 〈미군의 세균전〉에 관한 실제 역사와 북

79 「패망하는 미제의 발악적 흉계」, 『로동신문』, 1951년 3월 26일 자.
80 「인류학살의 원흉 미침략자는 세계 인민이 정당한 심판을 받을 것이다」, 『로동신문』, 1951년 5월 14일 자.
81 스티븐 엔디콧 외, 『한국전쟁과 미국의 세균전』, 안치용 외 옮김(서울: 중심, 2003), 10면.
82 전예목, 「6·25 전쟁 시기〈세균전〉설 제기 과정과 내막」, 『군사』 제120호 (2021): 29.

한 당국의 선전은 북한 주민과 의료인에게 큰 영향을 미쳤다. 그리고 김정은이 집권한 후에도 이와 관련한 보도를 한 해도 빠짐없이 게재하고 있다.[83] 이러한 북한의 감염병 대응은 오랫동안 쌓인 피해의식까지 포함해서 생각해야만 이해할 수 있다.

83　『로동신문』에 실린 관련 기사는 2014년 2건, 2015년 34건, 2016년 7건, 2017년 3건, 2018년 1건, 2019년 6건, 2020년 2건으로 파악되었다.

3장

북한의 기후 위기와 감염병 대응에 힘을 보탤 민간단체

1
북한 감염병 지원 사례: 유진벨과 민간단체 봄

남한 어린이들은 총 17종의 백신을 무상으로 접종받는다.[84] 이에 비해 북한은 2000년대에 다음과 같은 일정으로 어린이와 어머니에게 예방 접종을 실시했다.

〈표 8〉 북한의 예방 접종 일정표에 따르면 북한 어린이는 결핵, 백일해, 디프테리아, 파상풍, 소아마비, 홍역, B형 간염 등 7가지 질병에 대한 예방을 기본으로 한다. 그러던 것

84　북한의 7가지 질병 외에 수두, 볼거리, 풍진, 폐렴 구균, 뇌 수막염(HIB균), 일본 뇌염 등 총 17종의 백신을 제공한다. 자세한 내용을 보면 다음과 같다. 결핵BCG, B형 간염HepB, 디프테리아/파상풍/백일해DTaP, 파상풍/디프테리아Td, 파상풍/디프테리아/백일해Tdap, 폴리오IPV, 디프테리아/파상풍/백일해/폴리오DTaP-IPV, 디프테리아/파상풍/백일해/폴리오/b형 헤모필루스 인플루엔자DTaP-IPV/Hib, B형 헤모필루스 인플루엔자Hib, 폐렴 구균, 홍역/유행성 이하선염/풍진MMR, 수두VAR, 일본 뇌염 불활성화 백신IJEV, 일본 뇌염 약독화 생백신LJEV, A형 간염HepA, 사람 유두종 바이러스HPV 감염증, 인플루엔자IV. 질병청 누리집 참조(https://nip.kdca.go.kr/irgd/introduce.do?MnLv1=3).

예방약 종류	예방 질병	접종 시기	접종 횟수	접종 방법
결핵 백신BCG	결핵	태어나서 18시간부터 1주일 이내	1회	피내 주사
백일해, 디프테리아, 파상풍DPT	백일해, 디프테리아, 파상풍	① 태어나서 1.5달 ② 태어나서 2.5달 ③ 태어나서 3.5달	3회	근육 주사
소아마비 백신	소아마비	① 태어나서 1.5달 ② 태어나서 2.5달 ③ 태어나서 3.5달	3회	먹는 약
홍역 백신	홍역	태어나서 9달	1회	피하 주사
B형 간염 백신	B형 간염	① 태어나서 18시간부터 1주일 이내 ② 태어나서 1.5달 ③ 태어나서 3.5달	3회	피내 주사
임신부 파상풍 백신	파상풍	① 임신 3달 ② 임신 4달	2회	근육 주사

[표 8] 북한의 예방 접종 일정표. 출처: UNICEF·평양의학대학병원, 『어린이 건강과 어머니 상식』, 2006년, 198면.

이 2011년 북한이 세계백신면역연합Global Alliance for Vaccines and Immunization, GAVI과 사업을 전개하면서 추가 예방 백신을

접종하게 되었다.

　개발 도상국의 백신 접근성을 높이기 위해 설립된 GAVI 는 북한과 함께 〈2011~2015년 북한의 예방 접종 및 감염병 관련 지원 계획〉을 확정해 총 1억 4백만 달러 규모의 백신을 지원했다.

　이 계획의 목표는 2015년까지 홍역 퇴치, DTP3[85] 접종률 97퍼센트로 향상, 신생아 파상풍 및 소아마비 퇴치 상태 유지, 5세 미만 어린이의 B형 간염, 로타 바이러스로 인한 설사병, 헤모필러스 인플루엔자 폐렴Hib 및 뇌 수막염, 일본 뇌염, 선천성 풍진 증후군 등의 유병률 감소였다. 이러한 목표 달성을 위해 일본 뇌염 백신 도입과 함께 2012년 5가 예방 백신DTP-Hep B-Hib을, 2013년에는 MMR와 로타 바이러스 백신을 도입하기로 계획했다.[86]

　북한에서 5가 예방 백신은 2012년 7월 12일에 실시되기 시작했다. 백신 접종 전에 인민문화궁전에서 이에 대한 개

85　DTP3는 디프테리아, 파상풍, 백일해를 예방하는 혼합 백신이며, MMR는 홍역, 볼거리, 풍진을 예방하는 백신을 의미한다. 5가 예방 백신 DTP‑Hep B‑Hib는 디프테리아, 파상풍, 백일해, B형 간염 및 B형 헤모필루스 인플루엔자 등 5가지 질환을 예방할 수 있다는 의미다. 출처: 질병관리청 예방 접종 도우미.

86　어린이의약품지원본부, 「2015 북한보건의료 연차보고서」, 2016년, 79면.

막식을 진행했는데, 보건성, 외무성, 중앙위생방역소, 평양시 내 보건의료 기관과 평양 주재 국제기구 성원들이 참여했다. 이 행사에는 최창식 당시 보건상이 개막 연설을, UNICEF와 WHO 북한 주재 대표들이 축하 연설을 했다. 개막식이 끝나고 5가 예방 백신에 대한 교육을 실시한 다음 평양시 모란봉구역 북새종합진료소와 평안남도 평원군 원화리인민병원에서 접종을 시작했다.[87] 보건상이 참석할 정도로 5가 예방 접종은 북한 입장에서 획기적 사건이었다.

GAVI와의 사업 이후 북한 보건 당국은 예방 접종 일정표를 변경했다. 이는 2018년에 평양을 방문했던 어린이의약품지원본부의 의사가 찍어 온 사진에서 확인할 수 있다. 5가 예방 백신 실시로 백일해, 디프테리아, 파상풍에 B형 간염과 B형 헤모필루스 인플루엔자Hib가 추가되어 독감을 예방하게 되었다. 소아마비 백신도 경구약과 함께 근육 주사 IPV를 추가해 약효를 높였다. 더불어 비타민A를 어린이에게 1년에 2차례, 5월과 11월에 제공했다.

어린이를 위한 백신의 경우 혼합 백신을 많이 개발한다. 약효는 물론이고 한 번의 접종으로 다양한 질병을 예방하고, 아이들의 주사에 대한 아픔과 두려움을 줄이며, 의료기

---

87 「5가 예방약 접종 개막식 진행」, 『로동신문』, 2012년 7월 13일 자.

관 방문 횟수도 줄이기 위해서다.

북한은 GAVI 외에도 에이즈, 결핵 및 말라리아 퇴치를 위한 세계기금 The Global Fund to Fight AIDS, Tuberculosis and Malaria, 즉 글로벌 펀드의 기금도 활용했다. 글로벌 펀드는 북한의 결핵과 말라리아 퇴치를 위해 2010년부터 2014년까지 5년간 결핵에 4,480유로, 말라리아에 1,630유로를 지원했다.[88]

글로벌 펀드는 그 후에도 대북 지원을 지속하다가 2018년 2월 투명성을 확보하기 어렵다는 점을 들어 지원을 중단했다.[89] 하지만 코로나19 팬데믹을 거치면서 글로벌 펀드는 북한과의 사업을 계속 전개하려는 의지를 갖고 있다.[90] 북한 또한 글로벌 펀드의 지원과 관련해 VNR가 말라리아와 결핵 발병률 감소에 크게 이바지했음을 공개적으로 언급하기도 했다.[91]

북한은 이렇게 감염병과 관련해 유엔 기구를 비롯한 국

---

88   어린이의약품지원본부, 「2015년 북한보건의료 연차보고서」, 79면.

89   박광식, 「국제 사회 우려, 한반도 건강공동체도 비상」, KBS, 2018년 5월 11일.

90   안윤석, 「국제협력기구 〈글로벌 펀드〉 북한 결핵·말라리아 퇴치에 167만 달러 지원」, SPN서울평양뉴스, 2020년 7월 3일.

91   「조선민주주의인민공화국 지속 가능한 발전을 위한 2030 의제 이행에 관한 자발적 국가 검토 보고서」, 19면.

제 사회에서 주로 지원을 받았다. 하지만 전염성 질환 사업을 국제 사회만 한 것은 아니다. 남한에서 활동하는 대표적 민간단체 유진벨재단은 북한에서 〈다제 내성 결핵〉 퇴치 사업을 진행하고 있다. 유진벨재단은 1995년에 유진벨 선교사의 한국 선교 1백 주년을 기념해 미국에서 유진벨재단을 설립했고, 설립 2년 뒤인 1997년 평양의 조선적십자종합병원에 구급차 지원과 함께 결핵 관련 병원에 결핵약과 엑스레이 등을 제공하면서 대북 사업을 시작했다.

이미 당시에도 북한의 결핵은 심각한 상황이었다. 이를 감지한 유진벨재단 측은 관련 물자를 지원했고, 이를 기증받은 북한은 유진벨재단에 결핵 퇴치 사업을 공식적으로 요청했다. 유진벨재단은 이에 화답하며 1998년에 북한의 13개 결핵 병원과 63개 결핵 요양소를 대상으로 결핵약, 이동 엑스레이 검진차, 현미경 등을 전달했다.

2000년 유진벨재단은 남한에 재단 법인 유진벨을 등록했고, 2002년에는 북한의 강원도 원산시 5개 소학교 아동 1천 명을 대상으로 B형 간염 예방 백신 접종을 실시했다. 유진벨재단은 결핵과 B형 간염 등 감염병을 중심으로 대북 사업을 전개하다가 2007년부터 결핵약에 내성이 생긴 결핵 환자 치료를 위한 사업을 추진하기로 합의해, 현재까지 다

[그림 14] 평안남도내성결핵센터의 북한 의료진이 결핵 환자의 객담을 정리하는 모습. 출처: 허사헌, 「유진벨재단, 북한에서 다제내성 결핵 치료 사업 전개」, 『연합뉴스』, 2012년 5월 3일 자.

제 내성 결핵 퇴치 사업을 전개하고 있다.[92]

유진벨재단 외에도 남한의 민간단체 중 결핵약을 북한에 전달한 기관들이 있었다. 하지만 일회성 사업으로 그치는 경우가 많았다. 그 이유는 결핵약은 일반 의약품 지원과 달리 약에 대한 내성이 생기면 환자에게 치명적일 수 있어 조심스럽게 접근해야 하기 때문이다. 그래서 물자 반출을 승인하는 통일부도 결핵약 승인은 조건을 까다롭게 해서 쉽게 북송할 수 없도록 했다. 따라서 남한의 경우 북한 결핵에 대한 대응이 유진벨재단을 중심으로 전개되었다.

92 　유진벨재단 홈페이지 연혁 참조(https://www.eugenebell.org:50008/load.asp?subPage=130).

그러다가 2010년 감염성 질환을 중심으로 사업을 추진하는 민간단체〈봄〉이 설립되었다. 이 기관은 외교부에서 비영리 법인 설립 허가를 얻었고, 2015년에 통일부 대북 지원 사업자로 지정되었다.

봄은 2010년부터 어린이를 대상으로 예방 접종을 전개했다. 그 내용을 살펴보면〈표9〉와 같다.

2010년에 시작한 백신 접종 사업은 2016년 초까지 이어졌다. 하지만 2016년 1월 북한의 4차 핵 실험으로 인해 현재까지 잠정 중단된 상태다.

봄이 북한과 감염병 관련 사업을 추진한 배경은 독일 카리타스와의 사업 체결을 통해 북한과 직접적 사업 협의나 현지 방문을 독일인이 담당했기 때문이다. 이는 유진벨재단도 마찬가지다. 북한과의 직접 대면은 대표인 인세반(스티븐 린튼)이 주도했다. 즉, 남한 국적자가 아닌 외국인이 사업을 진행했다는 공통점이 있다.

이렇게 북한은 남한과의 감염병 사업에 소극적이었다. 이미 국제기구 등이 대규모 지원을 전개하면서 사업 필요성이 낮은 이유도 있지만, 근본적으로는 남북 관계의 특수성에 따른 결과로 보인다. 남북은 여전히 적대 관계가 해소된 상황이 아니기 때문에 감염병을 질병 문제가 아니라 국

〈B형 간염 백신 예방 접종〉
• 기간: 2010년 2월~2012년 2월
• 대상: 6~16세 어린이 및 청소년 380만 명
• 방법: 한 달 간격으로 3회 접종. 5개 권역으로 나누어 5단계로 실시
  1단계(평양), 2단계(평안남북도), 3단계(황해남북도, 강원도),
  4단계(황해남북도), 5단계(자강도, 양강도)

〈일본 뇌염 백신 예방 접종〉
• 기간: 2013년 7월~2014년 1월
• 대상: 1~4세, 9~16세 등 320만 명(함경북도와 자강도 제외)
• 방법: 어린이당 1회 접종, 전국을 4개 권으로 나누어 4단계로 실시
  1단계(황해남도), 2단계(황해북도), 3단계(함경남도, 강원도),
  4단계(평양, 평안남북도)

〈홍역-풍진MR 백신 예방 접종〉
• 기간: 2015년 9월~2016년 2월
• 대상: 1~14세 540만 명 중 1단계 250만 명
• 방법: 어린이당 1회 접종. 전국을 2개 권역으로 나누어 2단계로 실시
  예정(하지만 1단계 완료 후 북한의 4차 핵 실험으로 사업 중단)

[표 9] 민간단체 봄이 추진한 예방 백신 사업. 출처: 봄, 「10주년 보고서, 봄
〈인도적 지원〉에서 〈개발 협력〉으로」, 2020년, 9~11면과 홈페이지 참조.

가 안보 문제로 인식할 경우, 남한으로부터 관련 물자를 받
는 결정을 내리기가 쉽지 않을 수 있다. 그럼에도 불구하고
남북 교류 협력이 장기적으로 진행되면서 감염병과 관련해
남북이 함께 추진하는 사업도 생기기 시작했다. 대표적 사
업이 말라리아 공동 방역이다.

2
말라리아 방역 지원 사례: 우리민족서로돕기운동

경기도 파주에 사는 건강한 청년이 서울역 부근을 지나다가 헌혈의 집을 발견하고 모처럼 좋은 일을 하겠다며 방문했다. 하지만 헌혈을 포기하고 되돌아 나왔다. 왜냐하면 말라리아 위험 지역에 거주하기 때문이었다.

말라리아 위험 지역이란 인구 10만 명당 말라리아 환자 발생률이 최근 3년 동안 연간 평균 10명 이상인 지역을 말한다. 남한의 경우 질병관리청이 매년 지정한다. 짐작했겠지만 파주시 전역은 위험 지역이다. 말라리아 위험 지역에 6개월 이상 거주한 사람은 2년간 헌혈에 제한이 있다. 또 하루 이상 위험 지역을 여행하거나 방문한 사람도 1년간 헌혈을 할 수 없다.

2022년 질병관리청이 지정한 말라리아 위험 지역은 〈표 10〉과 같다.

지역명	위험 지역	상세 지역
인천시	6	강화군, 계양구, 미추홀구, 부평구, 서구, 중구
경기도	11	가평군, 고양시 덕양구, 고양시 일산동구, 고양시 일산서구, 김포시, 남양주시, 양주시, 연천군, 의정부시, 파주시, 포천시
강원도	3	고성군, 인제군, 철원군

[표 10] 2022년 말라리아 위험 지역 현황. 출처: 홍상영 우리민족서로돕기 운동 사무총장, 자문 원고 1면 재인용.

2020년 이후에는 말라리아 환자가 매년 3백 명 내외로 발생해 위험 지역이 많이 줄어들었다. 하지만 2000년대만 해도 인천, 경기 북부, 강원 북부 전역이 위험 지역에 속했다. 말라리아는 동남아시아나 아프리카에만 발병하는 질병이 아니라, 남한에도 발생하는 3급 감염병이다.

말라리아는 전 세계적으로 무서운 감염병 중 하나다. WHO가 발간한 「2021년 세계 말라리아 보고서」에 따르면 2020년 85개 국가에서 2억 4천1백만 명의 말라리아 환자가 발생했고 사망자가 62만 7천 명에 이른다. 지역별로는 아프리카가 95퍼센트를 차지하고 2퍼센트가 동남아시아, 기타 지역에서 3퍼센트가 발생했다. 그리고 사망자 중 77퍼센트가 5세 미만 어린이다.

선진국 대부분은 말라리아가 퇴치된 상태지만 남한은 말라리아 환자가 발생하고 있다. 물론 북한도 마찬가지 상황이다.

한반도에서 발생하는 말라리아는 삼일열 말라리아인데, 얼룩날개모기가 전염 매개체다. 환자는 모기가 주로 활동하는 5월에서 10월 사이 발생하지만, 잠복기가 6개월에서 1년 정도이므로 가끔 겨울철에도 환자가 발생한다.

학질로 불리던 삼일열 말라리아는 수 세기 동안 한반도의 대표적인 토착성 감염병이었다. 6·25 전쟁 때 발생 빈도가 급격하게 증가했다. 그러나 이후 남북한은 모두 예방 및 근절 사업을 통해 1980년대까지 말라리아 퇴치 지역이었다.

그런데 남한의 경우 1993년 휴전선 인근 지역에 근무하는 군인들을 중심으로 말라리아가 다시 확산하기 시작했다. 이후 1998년에서 2000년까지 연간 약 4천 명의 환자가 발생했다. 2000년대 초만 하더라도 말라리아 환자 대부분이 현역 군인이었으나 2002년 이후 민간인 환자 비율이 절반을 넘어섰다.

북한이 자국 내 말라리아 발생을 공식적으로 인정한 것은 1998년이다. 북한 당국은 약 2천1백 명의 말라리아 환자가 발생했음을 인정하고 국제 사회에 도움을 요청했다.

하지만 1998년 이전에 북한을 방문한 경험이 있는 사람들의 증언에 따르면 이미 1990년대 초 말라리아가 유행한 것으로 보인다. 전문가들은 1990년대 대홍수의 영향으로 모기 서식에 유리한 환경이 조성되었을 가능성을 제기한다. 이후 북한은 1999년에 10만 명, 2000년에 20만 4천 명, 2001년에 30만 명으로 발병 환자가 계속 늘어났다.

그런데 이전 시기와 달리 한반도에서 말라리아 발생 지역은 조금 특이하다. 남한은 인천시의 강화군, 옹진군과 경기도 북부인 고양, 파주, 연천, 포천, 동두천시, 그리고 강원도 북부 지역인 양구, 철원, 고성군 등에서 발생했다. 모두 휴전선 접경 지역이다. 물론 경기 남부를 포함한 여타 지역에도 환자가 발생했으나 이들 대부분은 접경 지역을 방문한 이력이 있었다. 북한의 말라리아 환자 집중 발생 지역은 개성과 그 인근 지역, 황해남도와 황해북도 남부 지역, 그리고 강원도 남부 지역 등으로 휴전선 접경 지역이다.

한반도에서 근절되었던 말라리아가 재출현한 원인을 정확하게 파악할 수는 없다. 다만, 여러 역학 자료를 근거로 남한의 말라리아 발생은 북한의 영향으로 추정된다. 북한의 말라리아모기가 DMZ를 넘어 남쪽으로 넘어왔을 가능성이 크다. 말라리아모기는 바람을 타면 10킬로미터를 날

아갈 수 있다고 한다. 모기가 DMZ를 넘나드는 것은 자연스러울 것이다.

남북 당국은 한반도에 다시 발생한 말라리아 감염병의 특성과 상황을 감지하면서 1999년부터 말라리아 협력 사업을 시작했다. 하지만 남북 당국이 직접 협력 사업을 추진하는 방식이 아니라, 남북이 WHO와 연계한 3자 형식으로 대북 말라리아 방역 사업을 추진했다.

남한 당국은 우선 2000년 3월 2일 WHO에 50만 달러 기금 지원을 결정했고, 2001년 2월 12일 북한 당국이 이 사업을 수락하면서 5월에 관련 물자 지원을 시작했다. WHO는 살충제, 진단을 위한 현미경과 시약, 치료약을 중심으로 지원했고, 2009년 북한의 2차 핵 실험으로 사업이 중단되기 전까지 지속되었다. 남한 정부가 2001년부터 2008년까지 WHO에 지원한 관련 기금 규모는 〈표 11〉과 같다.

당국이 아닌 민간 차원에서 직접 말라리아 공동 방역 사업을 시작한 것은 2008년부터다. 민간단체인 우리민족서로돕기운동과 지방 자치 단체인 경기도가 주도했다. 오랜 기간 대북 사업을 하던 두 기관은 서로의 강점을 결합하며 공동 협력을 통해 북한의 협동농장 현대화 사업, 자원 순환형 농·축산 협력 사업, 개풍양묘장 현대화 등 중·장기적 관

연도	2001년	2002년	2003년	2004년	2005년	2006년	2007년	2008년
지원액	53	62	70	70	88	114	141	122

[표 11] 북한 말라리아 방역 사업 추진 현황. 출처: 질병관리본부 보도자료, 「2008년 북한 말라리아 방역 물품 지원」, 2008년 6월 26일.

점에서 협력 사업을 추진했다. 이 과정에서 이룬 성과와 신뢰를 바탕으로 2006년부터 남북 말라리아 공동 방역 사업을 북한에 지속적으로 제안했다.

특히 경기도는 말라리아 발생 환자가 가장 많은 지역으로, 전국 말라리아 환자 발생의 60퍼센트 이상을 차지했다. 인천시와 강원도가 그 뒤를 이어, 이 3개 지자체 말라리아 환자가 90퍼센트나 되었다. 경기도의 말라리아 남북 협력 사업은 지자체 차원에서도 시급하고 꼭 필요했다.

하지만 말라리아 남북 공동 방역 사업을 추진하기 위해서는 큰 장벽을 넘어야 했다. 첫째, 지역적 문제였다. 말라리아는 주로 남북 접경 지역에서 발생했는데, 이 지역은 남북이 군사적으로 대치하고 있어 민간단체의 접근 자체가 어려웠다. 둘째, 대상이었다. 말라리아 환자 상당수가 군인들이어서, 지원 대상을 군인으로 상정해 사업을 추진하기가 불가능했다. 그럼에도 불구하고 말라리아 환자 발생을 줄이기 위해서는 남북 공동 협력이 꼭 필요하다는 인식이 강했다. 무엇보다 그동안 남북 협력 과정에서 우리민족서로돕기운동이 북한과 쌓은 신뢰가 북한을 설득하는 데 큰 힘이 되었다.

그 결과, 2008년 3월 12일 우리민족서로돕기운동과 경기도는 북한의 사업 파트너인 민족화해협의회와 말라리아 전염병 방지를 위한 협력 사업을 추진하기로 합의서를 체결했다. 사업 대상지는 경기도 북부 지역과 개성 및 그 인근 지역인 장풍군, 금천군, 토산군 등으로 설정했다. 남한 측에서는 말라리아 방역에 필요한 장비와 약품, 그 외 필요한 물품을 제공하고 북한 측은 지원받은 물자로 방역을 책임 있게 진행하기로 했다. 또 남북은 말라리아 환자가 집중적으로 발생하는 6월에서 9월 사이 방역 날짜를 정하고 남북이 동시에 방역 사업을 진행하기로 했다. 더불어 관련 실무자와 전문가들이 지속적으로 만나 진행 상황과 방역 결과 등을 논의하면서 추가 필요사항을 협의하기로 했다.

남북이 처음으로 추진하는 감염성 질환에 대한 공동 방역 사업이었기 때문에 사업을 본격적으로 추진하기 전 공동 방역에 대한 개념 규정에서부터 방역 방법, 명확한 사업

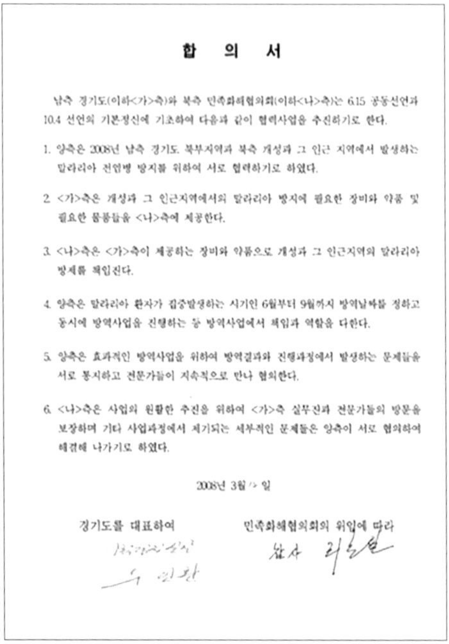

[그림 15] 2011년 북한과 맺은 말라리아 공동 방역 합의서. 출처: 우리민족
서로돕기운동.

주체, 방역 물자 선정 등 하나하나 짚으며 결정해야 했다.

우선, 방역 방법을 결정했다. 본 사업의 목표는 남북 말
라리아 환자를 줄이는 것으로 명확했다. 이 목표를 위해 어
떤 방식으로 공동 방역을 추진하면 환자가 감소할 것인가
먼저 토론했다. 예를 들어, 남북이 서로 연락해 같은 날 대
상지에서 동시에 소독하는 방식이 있을 수 있다. 또 남한의

방역 전문가가 북한 방역 현장을 방문해 관련 장비를 함께 시연하는 것도 방법의 하나였다. 처음 해보는 것이어서 공동 방역 방식에 대해 설왕설래하면서 남북에 맞는 효과적인 방역 방식을 계속 모색해 나가기로 했다. 그리고 남북이 가능하면 비슷한 시기에 대상지에서 소독을 진행하기로 했다. 또한 남북 방역 전문가들이 정기적으로 개성에서 만나기로 합의했다.

둘째, 남북의 사업 추진 주체를 명확히 했다. 남한 측 우리민족서로돕기운동은 사업 조정과 실무를 담당하고, 경기도는 사업 기획 및 예산 지원과 관련 전문가 파견을 맡기로 했다. 북한 측의 경우 민족화해협의회가 사업 기획과 전반적인 관리를 담당했다. 사업 수행은 전문 기관인 조선의학과학원 기생충연구소가 맡았고, 현장 사업 실행은 개성시 인민위원회가 주관하기로 했다.

셋째, 사업 기간은 한반도에 말라리아가 퇴치되는 시기까지로 잠정 합의했다.

넷째, 방역 물자는 사업 추진 결과를 평가하면서 효과적인 물자를 선정하기로 했다. 2008년에는 방역 차량과 소독 분무기, 살충제, 방충망, 모기향, 진단 키트 등 방역과 관련해 다양한 물품을 시범적으로 제공해 북한이 직접 사용해 보기로 했다. 특히 방역 물자에서는 수량 산정 문제가 중요하게 대두되었다. 즉, 어느 정도 지원해야 적정할 것인가가 고민이었다. 그리고 이에 대한 명확한 답을 얻기가 힘들었다. 그래서 인구수가 비슷한 파주시의 방역을 근거로 삼아 수량을 파악하기로 했다. 2008년 당시 파주시 인구는 30만 명 정도였는데, 개성시 인구는 38만여 명으로 비슷했다.

남북은 합의서 체결과 구체적 원칙을 수립하고 2008년 5월부터 본격적인 말라리아 공동 방역을 전개했다. 이 사업은 2011년까지 4년간 이어졌으며 구체적인 사업은 〈표 12〉와 같다.

말라리아 퇴치를 위한 남북의 노력으로 인해 북한 지역의 말라리아 발병률은 2010년부터 빠르게 감소했다. 이와 관련한 결과는 VNR에 실렸는데, 2015년에 인구 1천 명당 0.52명, 2018년에 0.29명, 2020년에 0.15명으로 줄었다.

북한은 VNR에서 말라리아 외에도 결핵과 B형 간염 발병률도 줄어들고 있다고 밝혔다. 결핵은 발병률이 10만 명당 2015년에 451명, 2018년에 354명으로 감소하다가 2019년에 376명으로 증가했다. 하지만 2020년에는 다시 351명으로 감소했다고 제시했다. B형 간염 발병률은 2015년에 인구 10만 명당 6.8명, 2018년에 6.4명, 2020년에

일시(방문지)	사업 및 협의 내용
2008. 5. 16 ~ 5. 17 (개성)	• 남한 실무 대표단 14명이 직접 방역 물자(방역 차량, 소독용 분무기, 살충제 등) 전달 및 물자에 대한 설명, 기술 이전 진행 • 남북 전문가 협의(북한에서는 조선의학과학원 기생충연구소 소장, 말라리아연구실장, 개성방역소 예방과장 등 참석)
7. 1 (개성)	• 남한이 제공한 다양한 살충제에 대한 사용 결과를 설명하며 가장 효과적인 살충제를 공유. 이 살충제에 대한 추가 지원 요청
7. 25 (개성)	• 2008년 사업 평가 회의를 평양에서 진행하기로 합의
2009. 3. 12 ~ 3. 15 (평양)	• 사업 평가와 2009년 사업 계획 수립을 위한 공동 회의 개최 • 남북 모두 환자 발생이 감소한 결과 공유
5, 6, 9월 (개성)	• 방역 물자 전달과 협의를 위해 3차례 개성 방문 • 북한의 3차 핵 실험과 미사일 발사로 경기도 관계자의 방북이 제한되어 우리민족서로돕기운동 실무자와 외부 말라리아 전문가만 참석
2010. 4. 28 (개성)	• 2009년 사업 평가 및 2010년 사업 계획 협의 • 북한 측은 2009년 개성 지역의 말라리아 환자가 2008년에 비해 14.5% 감소했고 전국적으로도 20% 줄었다고 보고

일시(방문지)	사업 및 협의 내용
2010. 4. 28 (개성)	• 사업 평가를 통해 공동 방역 사업 방식을 다음과 같이 개선하기로 결정했다. ① 지원 물자 선정 시 WHO 평가 자료를 참고해 최상위 성적 제품을 우선 선정 ② WHO 등 국제기구와 남한 정부의 지원 물자 중복 방지 ③ 약제 내성 확산을 방지하기 위해 말라리아 환자를 간단하고 신속하게 현장에서 확인할 수 있도록 신속 진단 키트 지원 확대 ④ 매개체 관리와 임산부 관리(임산부용 말라리아 예방약)에 집중하기 위해 내구성이 좋은 모기 기피제를 함유한 방충망 지원 ⑤ 공동 방역 사업의 명확한 사후 평가를 위해 방역 시범 지역 설정 ⑥ 남한 측은 효과적인 방역을 위해 연간 지원 물자의 상세 내역을 조기에 제공하고 물자 전달은 5월에 50%, 6월과 7월에 각각 25% 전달하기로 합의.
2010. 8. 17 (개성)	• 천안함 사태 이후 남한 당국의 5·24 조치[93]로 사업이 정상적으로 추진되지 못함. 물자 반출은 6월 말에, 방북은 8월에야 승인 • 2010년 8월 17일 1차 방역 물자 전달 성사. 말라리아 신속 진단 키트 12만 개, 친환경 유충 살충제(1kg) 1천 개, 모기향 60만 개

93 5·24 조치란 천안함 피격 사건(2010. 3. 26)에 대해 북한의 책임 있는 조치를 촉구하고 정상적인 남북 관계를 정립하기 위한 것으로, 남북 교류 협력과 관련된 인적·물적 교류의 잠정적 중단 조치다. 구체적 내용은 다음과 같다. ① 북한 선박의 우리 해역 운항 전면 불허, ② 남북 교역 중단, ③ 우리 국민의 방북 불허, ④ 북한에 대한 신규 투자 불허, ⑤ 대북 지원 사업 원칙적 보류 등.

일시(방문지)	사업 및 협의 내용
2010. 10. 15 (개성)	• 2차 물자는 임산부용 말라리아 예방약 4만 5천 정, 모기 기피제 함유 방충망LLIN 12만 2천 제곱미터. 특히 임산부용 예방약은 2차 감염 우려가 높은 임산부들을 위해 새롭게 방역 물자에 포함
2011. 5 ~ 8 (개성)	• 2011년부터 인천시가 함께 참여. 인천시는 북한 민족화해협의회와 황해남도를 대상으로 하는 말라리아 방역 사업 합의서 체결 • 파주시 임진각에서 우리민족서로돕기운동, 경기도, 인천시가 공동으로 물자 북송식 개최 • 5월부터 8월까지 4차례에 걸쳐 실무 및 전문가가 개성을 방문해 물자 전달 및 남북 협의 진행. 특히 말라리아 환자 치료를 위한 휴대용 초음파 진단 장비 2대 지원
2012년 이후	• 2012년 사업 중단 • 사업 중단에도 불구하고 우리민족서로돕기운동, 경기도, 인천시는 매년 예산을 배정하고 관계자들이 정례적으로 만나 사업 재개에 대비 • 2017년 4월 남북은 강원도까지 참여해 말라리아 방역 사업을 재개하기로 하고 물자 전달 준비. 하지만 2016년 2월 개성공단이 폐쇄되면서 육로가 막혀 사업 수행 불가능 • 2018년 11월 우리민족서로돕기운동 대표단이 7년 만에 평양을 방문해 말라리아 사업을 재개하기로 공식 합의. 하지만 2019년 하노이 북미 회담이 결렬되고 남북 관계가 전면 중단되면서 현재까지 남북 교류 협력이 막혀 있음

[표 12] 남북 말라리아 공동 방역 사업 추진 현황. 출처: 홍상영 자문 원고를 토대로 재정리.

[그림 16] 2008년 5월, 개성으로 전달되는 말라리아 방역 물자. 출처: 우리
민족서로돕기운동.

[그림 17] 2009년 3월, 평양에서 남북 말라리아 전문가 회의 모습. 출처: 우
리민족서로돕기운동.

[그림 18] 2011년 8월, 말라리아 환자 치료에 필요한 초음파 장비 전달. 출처: 우리민족서로돕기운동.

5.9명으로 지속적으로 감소 추세를 보인다고 언급했다.[94]

감염병을 줄이기 위한 국제기구와 민간단체의 활동이 분명한 성과를 거두었음을 확인할 수 있다.

94 「조선민주주의인민공화국 지속 가능한 발전을 위한 2030 의제 이행에 관한 자발적 국가 검토 보고서」, 56면.

3
북한 산림녹화 지원 사례: 겨레의숲

감염병에 대한 공동 대응 외에도 남북이 함께 추진한 대표적 사업으로 산림 협력을 꼽을 수 있다. 남북의 산림 협력은 기후 위기 극복 차원의 대표적인 분야다. 특히 한반도의 환경 보전과 국토 동질성 회복이라는 목표는 남북 모두에 중요한 의미로 다가왔고 관심과 정책적 실행 의지도 높았다. 그래서 사업 추진에 큰 이견 없이 어떤 분야보다 활발하게 진행되었다.

우선, 남북 당국이 추진한 산림 협력 사업을 살펴보자. 남북 당국은 1999년부터 산림 분야 논의를 시작해 2017년까지 총 14차례 회의를 개최했고 양묘장 조성과 병해충 방제를 위해 물자를 북송하는 등 협력 사업을 4차례 실행했다. 남한 당국은 2005년과 2006년에 8만 본의 묘목을 지원했고, 2007년에는 5만 2천 헥타르에 대한 병해충 방제를 공동으로 추진했다.

남북 당국이 가장 최근에 추진한 사업은 2018년 4월 27일 판문점과 9월 19일 평양에서 이뤄진 남북 정상 회담과 이어 두 차례 진행된 남북 산림 분과 회담을 진행하면서 재개되었다. 이 논의를 통해 산림 조성, 산림 보호, 산림 과학 기술 교류 등의 협력을 약속했고, 구체적 사업으로 최신식 양묘장 10개 동 시범 설치와 산림 병해충 공동 방제 등을 합의했다. 그리고 2018년 11월 소나무재선충병 방제 약제 50톤을 육로로 전달하면서 개성에서 공동 방제를 실시한 바 있다.

하지만 산림 협력은 남북 당국 간 추진보다 주로 민간 단체와 지자체의 협업을 통해 본격적으로 전개되었다. 1999년부터 2017년까지 민간단체와 지자체는 금강산 산림 병해충 방제를 시작으로 65차례 다양한 산림 협력 논의를 진행했고, 병해충 방제 2만 7천7백 헥타르, 나무 심기 511헥타르, 종자 17톤, 묘목 248만 톤, 양묘장 11개소 지원 등의 성과를 거두었다.

1999~2003년 제1기에는 한국수목보호연구회, 한국로터리클럽, 동북아산림포럼, 한국임업후계자협회, 평화의 숲, 한국산림경영인협회 등이 묘목 심기, 병해충 방제, 양묘장 건설 등을 북한에 제안하면서 사업이 전개되었다.

2004~2010년 제2기에는 북한 산림의 자생력을 회복하기 위한 개발 협력에 더욱 중점을 두었다. 특히 남북 산림 협력을 위한 연대 단체인 〈겨레의숲〉이 만들어져 남북 산림 협력이 크게 확대되었다.

겨레의숲 창립 계기는 2006년 북한의 조선아시아태평양평화위원회와 민족화해협의회 등이 남한의 여러 민간단체에 산림 복구에 필요한 묘목 등을 대규모로 요청하면서 시작되었다.[95] 북한으로부터 사업을 제안받은 민간단체들은 이를 공동으로 대응하기로 의견을 모았다. 이에 민족화해협력범국민협의회, 평화의숲, 흥사단민족통일운동본부, 우리민족서로돕기운동 등의 통일 운동 단체와 대북 지원 단체, 시민단체, 산림 관련 전문 단체들이 모여 가칭 〈온 겨레 나무심기운동 추진 준비 모임〉을 구성해 북한 산림 복원 사업 추진을 위한 논의를 시작했다. 이 모임을 모태로 2007년 4월 〈겨레의숲〉을 창립했다.

95   조선아시아태평양평화위원회는 미국, 일본 등 미수교국과 관계 개선을 위한 창구 역할을 하는 북한의 기관이다. 2000년 남북 정상 회담을 기점으로 금강산 관광 등 남북 간 교류 협력 사업 상대로도 등장했다. 유력 인사의 방북 초청, 해외 학술 회의 참가, 투자 유치 등도 진행한다. 민족화해협의회는 1998년 4월 김정일이 민족대단결 5대 방침에서 언급한 〈온 민족의 접촉과 대화, 연대 및 연합〉을 실현하기 위한 실무 기구다. 남한 민간단체와의 경제 및 사회문화 교류 협력 관련 실무를 담당한다. 출처: 통일부 북한정보포털.

겨레의숲은 다양한 성격의 민간단체가 함께 협력해 범국민 운동을 전개했고 단순한 나무 심기가 아닌 한반도의 생태계를 연결하고 한반도 전체의 산림 복원을 통한 기후 위기에 대응한다는 목표를 기조로 삼았다.

이후 겨레의숲은 북한 민족화해협의회와 협의를 거쳐 양묘장 시설 현대화, 시범 조림, 산림 병해충 방제 등 산림 조성 및 보호 분야에서 공동 협력을 추진하기로 합의서를 채택하면서 본격으로 사업을 추진했다.

겨레의숲은 2007년 출범 이후 남북 관계 악화로 사업이 중단되기 전인 2009년까지 총 12회 나무심기 행사를 진행했다. 이 행사에는 우리 국민 2,117명이 직접 참여했다.

한편, 2010년 이후 남북 관계가 오랜 기간 경색되면서 남북 간 직접 협력 및 교류가 어려워짐에 따라 겨레의숲은 지식 공유 사업의 일환으로 산림 협력을 주제로 한 국제 학술회의를 준비했다. 이는 단절된 남북 간 산림 협력의 끈을 이어 가고, 더 나아가 향후 국제 협력의 발판을 만들기 위함이었다. 또한 남북 간 직접 교류를 꺼리는 북한을 대화의 장으로 이끌기 위해서는 더욱 큰 대화의 장이 필요하다는 인식도 작용했다.

겨레의숲은 국립산림과학원 관계자들과 협의해 중국조

선족과학기술자협회와 공동으로 〈동북아 산림 협력 국제회의〉를 준비했고, 2014년 10월 제1차 국제회의를 중국 옌지에서 개최했다. 당시 겨레의숲이 일본과 독일 전문가를 초청하고, 중국 측이 북한의 산림 전문가를 초청해 회의가 성사되었다.

제1차 국제회의때는 회의 참석 외에도 참가자들이 중국 훈춘시에 있는 묘포장과 사과나무 단지 등을 함께 돌아보았다. 하지만 남북 관계가 경색된 상황이어서 북한 참가자들은 공식 행사 외에는 남한 참가자들과 접촉하거나 대화하는 것을 최대한 자제했다. 그럼에도 불구하고 산림을 주제로 한 국제회의는 지속적으로 개최되었다.

제2차 국제회의에서도 남북 전문가들은 회의 이후 중국 내 온실 묘포, 조직 배양 실험 시설 등을 견학했다. 제1차 회의 때와 달리 남북 산림 전문가들은 산림 관련 전문 지식을 바탕으로 많은 대화를 나누었다. 이는 당시 북한이 남북 관계 개선에 적극적이었고, 북한이 정보를 얻기 위해 국제 행사를 적극적으로 활용할 필요성을 인식했기 때문으로 보인다.

제3차 국제회의에서는 김일성종합대학교 산림과학대학 교수의 발표가 큰 관심을 끌었다. 발표 주제는 〈소나무림의

차수	개최 시기	장소	주체 및 북한 참여자 발표 주제
1차	2014년 10월	중국 옌지	동북아 산림 보전을 위한 국가 계획의 역할과 국제 협력 • 조선에서 삼림 생태계 회복을 위한 림농 복합 경영 계획 • 조선에서 산림의 경제적 효과성을 높이기 위한 주요 경제 수종들의 연구, 도입 정형과 방향 • 용기식 큰 나무 재배 방법에 대한 연구
2차	2015년 12월	중국 옌지	황폐 산림 복구를 위한 각 나라의 기술적 성과 • 산림 경제 수종의 조직 배양 번식 방법에 대한 연구 • 사철나무 심기 방법에 대한 연구 • 양묘장에서 포트에 의한 나무모 생산에 대하여 • 림농 복합 경영에 대하여
3차	2017년 12월	중국 항저우	동북아시아 국가들의 산림 복원과 산림 보호 • 밤나무 종자싹그루접 기술 • 조선에서의 주요 경제 수종들의 품종 육종과 번식 기술 개발 • 조선에서 발생하는 주요 산림 병해충과 생물 농약 개발 및 응용 정형 • 소나무림의 기후 변화 완화 능력 평가에 대하여
4차	2018년 12월	중국 시안	동북아 산림 복구의 역사와 미래 • 조선 림농 복합 경영 성공 사례 • 조선의 창성이깔나무 임농 복합 경영의 합리적인 구조 모형 결정 • 조선의 보호림(명승지) 관리 정책

[표 13] 동북아 산림 협력 국제회의 추진 현황. 출처: 염규현 겨레의숲 부장, 「남북 산림 협력 사업의 성과와 향후 과제」, 자문 원고를 토대로 재구성.

기후 변화 완화 능력 평가에 대하여〉였다. 소나무림이 흡수하는 탄소량을 측정해 기후 변화 대응에 얼마나 기여하는지 정량적으로 파악한 내용이었다. 발표자는 1정보(3천 평)당 탄소 증가량, 연령대별 증가율 변화를 측정해 환경 정화 능력이 있음을 보여 주었다. 이로써 북한도 기후 위기와 관련한 청정 개발 체제Clean Development Mechanism, CDM에 관심이 있음을 확인할 수 있었다. 더불어 이 회의에 참석한 북한 전문가들은 자신들의 산림 복원 10개년 계획과 양묘 능력을 강화하기 위한 노력, 산림 연구 기관 및 산림 행정 체계의 변화, 김일성종합대학교의 산림과학대학 신설 등에 대해서도 자세히 설명했다.

남북 관계자들의 만남이 거듭되면서 북한의 산림 관련 정보를 더 많이 확보하는 계기가 되었다. 하지만 아쉽게도 제4차 회의가 열린 2018년 이후 동북아 산림 협력 국제회의는 남북 관계 경색과 코로나19 팬데믹으로 인해 현재까지 재개되지 못하고 있다.

[그림 19] 2007년 평양 순안구역 중앙양묘장에서 남북 나무 심기 공동 행사. 출처: 겨레의숲.

[그림 20] 2007년 금강산에서 진행한 밤나무 심기 행사. 출처: 겨레의숲.

[그림 21] 2008년 황해북도 중화통일양묘장 준공식 및 남북 나무 심기 공동 행사. 출처: 겨레의숲.

[그림 22] 2018년 12월 중국 시안에서 개최한 동북아 산림 협력 국제회의 모습. 출처: 겨레의숲.

4
남북 민간 교류 협력의 역사:
대북협력민간단체협의회

대북협력민간단체협의회(줄여서 〈북민협〉)는 북한과 교류 협력을 추진했거나 진행하고 있는 65개 민간단체를 포괄하는 사단 법인이다. 북한과 교류하고 협력하는 단체가 65개나 있다니 많은 것 같지만, 남북 관계가 지금보다 좋았던 2000년대 초반에는 1백 개가 훨씬 넘었다.

남한의 민간단체가 대북 사업을 시작한 계기는 1995년 북한에 발생한 수해 때문이었다. 북한은 홍수를 큰물이라고 한다. 1995년 큰물로 북한 전역이 심각한 피해를 입어 주민들이 큰 어려움을 겪었다.

당시 북한은 이미 1980년대 후반 사회주의 국가들의 붕괴로 경제적 침체를 겪고 있었다. 이러한 현실에 더해 1990년대 초반부터 가뭄과 수해 등 자연재해가 이어지면서 치명적인 결과를 가져왔다. 자연재해는 심각한 식량난으로 이어졌고, 고난의 행군을 불러온 주요 원인이었다.

결국 북한은 이를 극복하기 위해 국제 사회에 인도적 지원을 요청했고, 국제 사회는 이에 발 빠르게 응답했다. 그리고 남한 당국과 민간단체들도 같은 민족의 아픔이라는 동포애 차원에서 북한에 대한 인도적 지원을 시작했다.

여기서 한 가지 짚을 것은 북한에 물자를 제공하는 인도적 지원이나 교류 협력은 언제, 어디서든, 누구나 할 수 있는 것이 아니라는 점이다. 남북은 전쟁을 겪었고 그 전쟁을 잠시 중단한 상태, 즉 정전 체제의 영향을 받는다. 이에 제3세계에 인도적 지원을 제공하는 것과 다른 절차가 필요하다.

이에 대북 인도적 지원을 하려는 개인이나 단체는 정부로부터 〈대북 지원 사업자〉로 지정받아야 한다. 통일부 홈페이지에서 확인한 결과 2022년 8월 현재 대북 지원 사업자로 지정된 민간단체는 총 149개였다. 그중 북민협은 65개 민간단체를 아우른다.

북민협은 1990년대 중반부터 대북 사업을 추진하던 민간단체들이 시행착오를 겪는 과정에서 단체 간 정보 교류와 협력을 통한 사업 효과를 높이고 정부와 협력이 필수적인 사업의 특성상 민간단체와 통일부 간 협력 틀인 민관 협력을 위한 연대체 구성이 제기되면서 1999년에 탄생했다.

북민협 소속 민간단체는 대북 인도적 지원 초기에는 식량이나 의약품 등 긴급 구호에 필요한 물자들을 북송했고, 이후 시간이 지나면서 지속성과 역량 강화에 필요한 개발협력 사업으로 전환되었다.

북민협 소속 단체인 어린이의약품지원본부의 경우 1996년부터 북한 어린이들을 위해 완제 의약품이나 영양제를 북송했는데, 몇 년 지나자 북한 담당자가 의약품 생산설비와 원료 의약품을 줄 수 있느냐며 자체적으로 의약품을 만들고 싶다는 의사를 밝혀 왔다. 지속 가능한 의약품 수급을 원하는 수혜자의 요구가 이해되었고, 무엇보다 완제 의약품보다 원료 의약품을 기증하면 10분의 1 가격으로 같은 효능의 의약품을 전달할 수 있었다. 따라서 평양의 어린이영양관리연구소에 정제(알약), 시럽제, 환제 의약품 생산 설비를 전달했다.

다른 민간단체도 마찬가지 상황이었다. 이러한 과정을 거치며 단순한 식량이나 의약품 지원에서 북한 보건의료체계 복구, 농촌 마을 현대화, 농업 생산성 향상을 위한 협력, 산림녹화, 지식 공유 등으로 사업 분야와 협력 내용, 그리고 대상이 다변화되었다.

[그림 23] 정제 설비 제공 및 남북 약사들의 기술 이전 모습. 출처: 어린이의 약품지원본부.

북민협은 크게 일반 구호, 보건의료·복지, 농업·축산, 환경·산림위원회를 구성해 소속 민간단체들이 관심 있거나 필요한 사업 분야 위원회를 선택해 활동하면서 관련 정보를 얻도록 하고 있다.

보건의료·복지위원회는 북한 주민의 건강 및 복지 증진을 위한 사업 분야로, 세부적인 사업으로는 의약품 지원, 의료 기자재 지원, 병원 건립 및 개선, 의약품·의료 기자재 생산 공장 건립 및 개보수 사업 등이 있다. 일부 단체의 경우 어린이, 임산부, 노약자, 장애인 등 특정 대상에 대한 영양 공급 사업을 보건의료 사업 관점에서 접근하기도 한다.

농업·축산위원회는 농업과 축산, 수산 부문의 생산성

을 높이기 위한 기술, 시설, 자재 지원 활동을 전개한다. 세부적으로는 비료를 포함한 농자재 지원, 시범 농장 건설, 농기계 지원, 농업 기술 향상을 위한 기술 및 지식 협력 사업을 들 수 있다.

환경·산림위원회는 북한 지역 내 공동체 역량 강화 및 인프라 개발 사업을 포괄하는 분야로 오·폐수 처리 시설을 포함한 상하수도 개선 사업, 책·걸상 등과 같은 교구 지원과 학교 건립 및 개선, 지역 공동체 내 시설 건립 및 개선, 산림 녹화 및 환경 관련 사업 등을 포괄한다.

대북 사업 초기 남한 민간단체들은 북한에 대한 정보 확보도 어렵고, 남북 간 협력 경험 부족과 인도적 지원을 위한 법제도 미흡 등으로 많은 어려움을 겪었다. 하지만 20여 년 간 남북이 함께 사업을 진행하면서 실무 전문가도 생겨나고 민간단체의 조직도 정비되는 등 다양한 성공 사례가 만들어졌다.

민간단체 활동가 중에는 북한 내 다양한 사업 현장을 1백여 차례 방문하며 경험을 쌓아 온 이도 많았다. 또한 북한 관련 기관은 남한 민간단체 활동가와 후원자를 북한에 초청해 사업 현장을 방문할 기회를 제공했고, 때로는 북한 주민들이 정성껏 준비한 음식을 대접하면서 협력에 대한 감사의 마음을 전하기도 했다. 그 마음에 감동한 남한 후원자들은 다시 후원금을 정성껏 모았고, 남한 전문가들은 평생 연구해서 얻은 경험과 지식을 북한 전문가들에게 전달하는 데 주저하지 않았다.

이러한 북민협의 활동을 통해 북한의 인도적 환경 개선은 물론이고 남북 화해와 평화 정착의 마중물이자 지렛대 역할을 어느 정도 했다. 하지만 남북의 정치 및 군사적 경색 국면으로 인해 민간단체의 활동이 최소화되거나 전면 중단되는 상황이 여러 번 반복되었다. 최근에는 남북 교류 협력이 기나긴 암흑의 터널을 지나고 있다.

남북 교류 협력 과정을 통해 남북은 같은 민족이라는 동질성을 확인했다. 이와 함께 오랜 기간 다른 체제에 살면서 서로 다르다는 것도 알게 되었다. 상호 입장을 이해하려는 노력, 다름을 조정해 가는 과정, 서로를 존중하며 보다 생산적인 방법을 찾아가는 인내의 시간을 통해 남북 통합 시대를 준비하고 연습하는 통일 과정이었다.

북민협은 향후 대북 사업 방식과 내용에 변화가 필요하다는 점을 인식하고 있다. 그런 인식 배경에는 지구촌 공동체가 겪는 기후 위기가 자리 잡고 있다. 인류의 생명에 대한 위기감이 고조되면서 기후 위기에 적극적으로 대응할 필요성이 커졌고, 코로나19 팬데믹을 겪으며 기후 위기로 파생된 문제를 남북이 공동으로 대처해야 근본적으로 해결할 수 있음을 실감했기 때문이다.

북민협은 오랜 기간 시행착오를 겪으며 쌓은 경험과 노하우를 바탕으로 기후 위기로부터 한반도 구성원 모두의 안전을 지키기 위한 사업을 발굴하고 이를 실행하기 위한 국민적 공감대를 형성하면서 참여 기회를 확대해 나가려 한다.

4장

남북 교류 협력으로 한반도의 기후 위기 대응

1
대북 협력 민간단체 활동가들이
왜 기후 위기를 말할까?

최근 파키스탄의 재난에서처럼, 기후 위기의 피해는 개발 도상국에 더 심각하게 나타난다. 그리고 개발 도상국 내에서도 취약계층 등 살기 어려운 사람들에게 더 큰 타격을 준다. 우리는 이에 주목해야 한다. 가난한 나라, 가난한 사람들은 기후 위기에 미친 영향이 적음에도 불구하고 가장 먼저, 가장 큰 피해를 입는다. 우리는 북한 역시 그러하다는 것을 확인했다.

2021년 10월 미국의 18개 정보 기관을 총괄하는 국가정보국DNI은 『기후 변화에 대한 국가정보 판단서*National Intelligence Estinate on Climate Change*』를 발표했다. 이 자료는 지구 온난화로 인해 향후 지정학적 갈등이 고조되고 미국의 국가 안보에 대한 위협이 높아질 것이라면서, 특히 개발 도상국들은 기후 위기로 인해 불안정과 국내 갈등을 겪을 가능성이 높다고 전망했다. 그러면서 기후 변화 대응 취약 우려국 highly vulnerable countries of concern 11개 나라와 2개 지역을 지목했다. 북한을 포함해 아프가니스탄, 미얀마, 인도, 파키스탄, 이라크, 과테말라, 아이티, 온두라스, 니카라과, 콜롬비아와 중앙아프리카, 태평양 제도가 여기에 해당한다.

특히 북한에 대해서는 열악한 사회 기반 시설과 자원 관리로 홍수와 가뭄 증가에 대응할 능력이 미비하고 만성적인 식량 부족이 악화될 것으로 예상했다. 가물 때는 저수 용량이 줄어들고, 비가 많이 오는 계절에는 기반 시설이 손상될 가능성을 지적하며, 이러한 상황이 지속되면 에너지, 식량, 식수, 보건 안보가 위협받고 국가 예산과 행정력 부실로 인해 난민이 발생할 가능성이 높다고 예측했다.[96]

그렇다면 기후 위기에 대해 북한 주민들은 어떻게 인식하고 있을까? 기후 위기에 대한 경험을 북한 현지에서 직접 조사하기는 어렵다. 이에 북한 이탈 주민들을 대상으로 한 설문 및 면담 조사 연구를 참고했다.

북한 이탈 주민들이 북한에서 경험한 기후 위기와 관련된 현상으로는 앞에서 살펴본 자연 현상을 대부분 언급했

96   조은정, 「미 국가정보국, 북한 등 11개 나라 〈기후 변화 대응 취약 우려국〉 지정」, VOA, 2021년 10월 22일.

다. 그중에서 여름철 폭염과 극심한 가뭄에 대한 증언이 많았고, 겨울철 혹한, 폭설 증가, 평균 기온 상승, 태풍과 집중호우 등이 그 뒤를 이었다.[97]

그로 인해 북한 주민들은 피해를 자주 입었다. 그리고 가장 많은 사람이 미비한 기상 예보를 원인으로 꼽았다. 기상 예보가 정확하지 않은 것도 문제지만, 예보를 듣고 싶어도 전기가 들어오지 않아 라디오나 TV의 재해 예비 경보 소식을 접하기 어렵다는 대답이었다.[98] 두 번째로 많이 언급된 원인은 배수 시설, 저수지, 포장도로 등 기반 시설 부족이었다.

북한 주민들도 기후 위기에 따른 변화를 확실하게 느끼고, 북한 당국도 대응 필요성을 인식하는 것은 분명하다. 이를 해소하기 위해서는 수자원을 포함해 산림 등 전체 국토관리와 기반 시설 확충 등이 필요하다. 하지만 현재 북한의 경제적 여력으로는 해결이 쉽지 않고 자체적으로 해결한다

---

97   명수정은 가뭄의 경우, 기후 변화의 영향도 있지만 북한의 수리 시설 낙후 등 가뭄에 대비할 수 있는 사회적 인프라 부족과도 관련 있다고 추측한다. 또한 혹한 역시 북한의 겨울이 춥고 길 뿐 아니라 에너지 부족과 제설 장비 부족에 기인한 것으로 보고 있다. 명수정, 『한반도 기후 변화 대응을 위한 남북 협력 기반 구축연구 Ⅲ』, 60~64면.

98   위의 곳, 74면.

구분	주요 내용	대응 방안
온난화	• 전반적으로 계절의 변화가 이전과 다르다는 것을 확실히 느낌 • 봄이 빨리 오고 겨울이 짧아졌으며 겨울철 적설량 감소.	국제 연대 강화, 저탄소 정책 확대
자연 재해	• 홍수, 가뭄과 같은 자연재해 발생 빈도 증가 • 특히 홍수 피해가 점차 커지고 피해 지역 범위도 확대	재해 대응 인프라 및 조기 경보 시스템 구축
농업	• 홍수와 가뭄이 빈번해지면서 농업 생산에 많은 지장 • 잘 자라던 농작물이 더 이상 잘 자라지 않음	농업용수 관리, 농작물 변화 추진
생태계	• 봄에 철새들이 빨리 오고, 생태계 구성이 변함 • 산림 병해충과 같은 질병 확산	삼림 재해 대응 역량 강화
인식	• 언론 보도 등으로 많은 주민이 기후 위기 인지	기후 위기 대응 역량 강화

[표 14] 북한의 기후 변화에 대한 북한 이탈 주민 면담 주요 내용. 출처: 명수정, 『북한의 기후 변화 취약성과 기후 변화 대응을 위한 남북협력 (I)』, 한국환경연구원, 15면 재인용.

고 해도 시간이 오래 걸릴 것이 뻔하다.

이렇게 위험을 안고 있는 북한이 가까운 거리에 있다. 따라서 남한도 그 위험에서 자유롭지 않다. 전 세계적으로

3,070만 명이 폭풍, 홍수, 사이클론, 허리케인, 태풍, 산불 등의 기후와 연관된 재난으로 인해 이주했다.[99] 2020년 11월에 발생한 두 차례 초대형 허리케인으로 온두라스, 과테말라, 엘살바도르 등 중남미 국가의 수많은 사람이 생존을 위해 국경을 넘어 멕시코와 미국으로 향했다. 처음에 언급했던 투발루의 경우 2005~2015년에 전체 국민의 16퍼센트가 뉴질랜드로 이주했다.[100]

이주민들은 식량 및 식수 등의 필수 자원 확보와 경제적 이해관계는 물론이고 정치, 종교를 포함한 문화적 차이로 혼란과 차별을 겪으며 기존 주민과 갈등을 일으키기 쉽다. 심할 경우 폭력 사태가 발생하기도 한다. 심지어 이러한 상황이 개인을 넘어 종족이나 국가 등 큰 규모로 확대되면 전쟁으로 번져 국제적 갈등을 촉발하기도 한다.

이러한 일이 남북한 간에 벌어지지 않으리라고 장담할 수는 없다. 그래서 기후 위기의 해법은 연대이고, 한반도에서의 연대는 다른 말로 하면 남북의 교류 협력이다.

가깝고도 먼 나라라는 표현은 흔히 일본을 설명할 때 많

---

99   주영재, 「기후 위기가 국제분쟁 키운다」, 『경향신문』, 2021년 11월 28일 자.
100   한영수, 「기후 변화로 Tuvalu 최초의 기후 난민」, ReSEAT 프로그램 보고서, 2012년 8월 3일.

이 사용되었다. 하지만 진짜로 우리에게 가깝고도 먼 지역은 북한이다. 남북은 한반도에 함께 존재하지만 분단된 지 벌써 80년 가까이 되었다. 현재 남북은 서로 왕래도 어렵고 전화나 이메일 등 연락이 불가능하다. 특히 최근 남북 관계 경색으로 바로 옆에 있지만 동시에 없는 존재처럼 행동하고 있다.

남북 관계가 현재와 같이 갈등과 대치, 반목하던 시기도 있었지만 서로 교류하고 협력하며 응원하던 때도 있었다. 남북 관계가 활발했던 당시 대북 협력 민간단체 활동가들이 가장 전면에 나서 남북을 오갔다. 이들은 전쟁 없는 한반도의 평화를 위해 남북이 계속 교류하고 협력하면서 진정한 〈한반도 평화 공동체〉로 나가야 한다는 방침 아래 노력하고 있다.

코로나19 팬데믹을 겪으며 〈한반도 생명 공동체〉라는 말을 사용하기 시작했다. 감염병은 휴전선과 같이 인간이 설정한 경계선을 넘나들기 때문에, 신종 감염병에 대응하기 위해서는 남북 협력이 필수적이다.

시민 사회에서 유명한 한 신부는 공동체를 〈고추장 비빔밥〉에 비유했다. 공동체를 만들어 가려면 아름답고 즐거움만 있는 것이 아니라 갈등과 싸움도 빚어지는 등 양면이 공존함을 강조한 것이다. 공동체 건설은 좋고 나쁨이 한데 뒤섞이며 서로의 치부를 보듬고 가는 과정을 포함한다.

한반도 평화 공동체든 한반도 생명 공동체든 대북 협력 민간단체 활동가들은 기후 위기에 대한 대응이 남북 공동체 건설을 새롭게 시작하는 열쇠가 되어야 한다고 강조한다.

기후 위기에 따른 자연재해와 감염병 대응은 남과 북이 공동으로 대응하고 협력해야 효과를 볼 수 있다. 한반도 산림 생태계는 하나로 이어져 있기 때문에 북한의 황폐한 산림에서 발생하는 산림 병해충, 미세먼지, 수해 등이 남한에도 직·간접적으로 영향을 미친다. 동물, 조류, 곤충 등의 이동을 통한 산림 병해충이 남한으로 내려올 수도 있다.

실제로 지난 2019년 10월 연천군 DMZ에서 발견된 야생 멧돼지 사체에서 아프리카 돼지 열병 바이러스가 검출되었다.[101] 2021년 3월에는 강원도에서 조류 인플루엔자가 발생했고, 북한에서도 이에 대한 방역 조처를 한 것으로 알려졌다. 구제역도 서로 영향을 주고받는다.[102]

감염성 질환뿐 아니라 태풍, 홍수 등의 자연재해도 마찬

---

101   김영배, 「DMZ 멧돼지 감염 순간, 〈방역 남북협력〉 더 절박해졌죠」, 『한겨레』, 2019년 10월 8일 자.

가지다. 북한에서 자연재해가 발생하면 남한에도 영향을 준다. 북한이 홍수로 인해 임진강의 황강댐을 방류하면 남한의 임진강 일대에서 수해 피해를 입는다. 아울러 2018년 언론 보도에 따르면 남한의 수도권 지역에서 발생하는 초미세먼지 연간 배출량의 14.7퍼센트가 북한의 영향을 받은 것이다.[103]

또한 탄소 배출을 일으키는 큰 요인 중 하나로 군사적 행동을 꼽는다. 남북은 분단 상태이고 정전 상태에 있으므로 군사 훈련을 수시로 전개한다. 남한의 군사 훈련에 대응해 북한도 미사일을 발사하는 등 활동을 벌인다.

남북의 군사 훈련은 탄소 배출을 촉진한다. 지난 2021년 11월 5일간 열린 한미 연합 공중 훈련인 〈비질런트 에이스 Vigilant Ace〉 때 배출한 탄소 배출량은 3천 메트릭톤으로, 이를 상쇄하려면 약 45만 그루의 나무를 심어야 한다.[104] 남북이 서로 군사적으로 경쟁하는 동안 한반도 주민들의 평화와 안전이 위협받는 것은 물론, 우리의 의지와 상관없이 적

---

102   이진연, 「북한, 〈조류독감〉 방역 총력전 펼쳐」, KBS, 2021년 3월 7일.
103   김세관, 「수도권 초미세먼지 농도 중 14.7%는 北 영향」, 머니투데이, 2019년 3월 20일.
104   정욱식, 「남북 삼림협력과 〈비질런트 에이스〉」, 『한겨레』, 2021년 11월 22일 자.

극적인 탄소 배출에 동참했다고 할 수 있다.

결국 한반도에서 발생하는 기후 위기 관련 문제는 북한 상황까지 파악해서 해결해야만 근본적인 문제가 해소된다. 이는 남북이 함께 고민하고 협력해야 하는 중요한 이유 중 하나다. 이러한 인식에서 대북 협력 민간단체들이 벌이는 남북 평화를 위한 활동은 자연재해와 감염병으로부터 우리의 안전을 지키는 행동이고 탄소 배출을 줄여 지구 온난화를 늦추는 움직임이다.

2
기후 위기에 대응하기 위한
남북 교류 협력 분야를 찾아서

남북 교류 협력의 시곗바늘이 멈춘 지 어느새 3년이 지났다. 최근 남북 관계는 북한의 코로나19 국경 봉쇄, 국제 사회의 대북 제재, 한반도의 정치·군사적 긴장 고조 등으로 교착 상태에 있다. 당국 간 협력뿐 아니라 민간 차원의 교류 협력도 거의 중단된 상태다.

남북 관계의 악화 상황을 돌이켜보면, 2010년 천안함 사건으로 남한 당국은 독자 제재인 5·24 조치를 취했고 개성공단을 제외한 교류 협력이 위축되었다. 남북 교류 협력은 유엔 대북 제재보다 남한의 독자 제재가 먼저 발동되면서 사업이 어려워진 것이다. 그러던 것이 2016년, 2017년 연이은 북한의 핵 실험으로 유엔 제재가 강화되면서 남한의 제재는 자연스럽게 유엔 제재에 포함되었다. 따라서 현재는 남한 당국이 독자적으로 제재를 해제하더라도 유엔 제재와

미국 제재 등이 완화되지 않는 한 남북 교류 협력을 추진하기 어려운 실정이다.[105]

현재 남북 교류 협력의 가장 큰 걸림돌은 국제 사회의 대북 제재이고, 그다음으로는 30여 년간의 남북 교류 협력 역사에도 불구하고 남북 관계에 별다른 변화를 유인하지 못하는 데서 오는 국민적 피로감일 것이다. 이를 모두 해소할수 있는 남북 교류 협력의 새로운 동기를 마련해야 하는 상황이다. 그리고 현재 기후 위기 상황은 남북 양측에 의미 있는 변화를 요구하고 있다. 이러한 상황에서 남북 교류 협력을 재개하는 방안을 몇 가지 제안하고자 한다.

첫째, 남북 교류 협력은 국제 사회의 대북 제재 틀 안에서 조율되어야 하지만 기후 위기는 제재 프레임을 뛰어넘어 논의할 만한 주제다. 북한의 핵과 미사일 도발에 대해 국제 사회는 대북 제재 강도를 높였고 남한과 북한의 양자 간 대화와 노력만으로 풀 수 없는 국제적 성격을 띠었다. 결국 국제 사회와 함께 풀어 가야 한다는 과제가 추가된 것이다.

현재 국제 사회의 중요한 이슈는 기후 위기로 인한 다양한 현상이 인류의 생존을 위협하는 현실을 해소하는 데 있

---

105   임수호, 「대북제재 해제 단계별 남북경협 추진방향」, 『KDI 북한경제 리뷰』 12월호(2018): 40.

다. 이러한 위기를 극복하기 위해 세계 각국은 파리 협정을 체결해 모든 나라가 예외 없이 기후 위기 대응에 함께 참여할 것을 요구하고 있다. 또한 선진국이 개발 도상국의 이행을 위해 재정 및 기술 지원, 역량 강화를 도울 수 있는 장치를 마련했다.

이처럼 전 지구적 문제로 대두한 기후 위기 문제를 시급히 해결해야 한다는 필요성을 북한 문제에 적용하면 어떨까? 즉, 대북 제재가 지속되는 현 국면에서도 개발 도상국인 북한의 기후 위기 적응을 도와야 하고 지원이 필요하다는 점을 다방면으로 설득하는 것이다. 전 지구적 기후 위기 대응은 남북은 물론 전 인류가 협력할 필요가 있기 때문이다.

둘째, 남한 사회에서 정치적 이슈와 연계되며 남남갈등의 주요한 소재가 되어 온 대북 인도적 지원을 비롯한 남북 교류 협력을 재개하고 활성화하기 위해 국민적 공감대를 확보한다.

한반도에서 기후 위기가 가속화되는 현실은 북한에 무언가 퍼준다는 이전 대북 지원에 대한 부정적 인식을 넘어서는 논리를 제공할 수 있다. 기후 위기에 대한 남북 협력은 한반도의 지속 가능성을 높이는 일이자 다음 세대에게 더 나은 미래를 물려주기 위해 중요한 매개일 수 있다. 남북 생태계는 서로 연결되어 있어 어느 한쪽이 위험에 노출되면 함께 영향을 받는다. 북한의 미흡한 수자원 관리로 인한 접경 지역 침수, 야생 멧돼지가 남하해 아프리카 돼지 열병이 퍼진 사건 등은 그 단면을 보여 준다.

또한 국민적 공감대 획득에 어려운 요인 중 하나는 남북의 정치·군사적 문제가 부각되면서 퍼진 적대적 인식 강화다. 이에 남북이 기후 위기와 같은 비안보 이슈부터 협력을 다시 시작해 신뢰 구축에 나설 필요가 있다.

셋째, 북한은 기후 위기 대응에 대한 적극적인 협력 의지와 수용성을 갖고 있다. 특히 김정은 정권 들어 기후 위기로 인한 피해를 최소화하는 대책, 즉 기후 위기에 적응하기 위한 방안 마련에 주목하며 외부의 지원을 적극적으로 요청하고 있다. 이는 기후 위기가 식량난과 연결되는 문제이고, 고질적 에너지난을 대외 협력을 통해 해결할 수 있는 메커니즘이 존재하기 때문이다.

전 인류가 당면하고 있는 기후 위기 문제에 국제 사회도 선진국과 개발 도상국의 협력을 강조하고 북한도 협력 의지를 보이는 점을 고려할 때, 이를 적극적으로 활용하는 것은 의미가 있다.

기후 위기 대응의 시급성과 북한의 취약성, 이로 인한 북한 당국의 강한 협력 의지와 함께 남북이 생태적으로 연결된 공동체라는 점을 고려할 때 기후 위기 대응에 남북의 연대는 필수적이다. 그리고 이는 남북 교류 협력의 필요성을 설득하고 협력 가능성을 높이는 계기가 될 수 있다.

그렇다면 기후 위기 대응을 위해 남북은 어떤 교류 협력을 할 수 있을까?

우선, 남북 당국 차원에서는 온실가스 배출량 거래를 활용해 서로의 필요를 충족시키는 사업이 가능하다. 남한은 선진국으로서 개발 도상국인 북한의 온실가스 감축 목표 달성을 위한 협력 파트너가 될 수 있다. 파리 협정은 국가 간 온실가스 배출량 거래를 인정하고 있다. 이에 북한이라는 안정적 시장을 확보하면 기후 위기 대응과 연관된 CDM 사업을 활용해 부가적인 경제 가치도 창출할 수 있다.[106] 이 사업의 경우 조림, 에너지, 농업 등 여러 분야에서 활용할 수 있는데, 북한의 감축 실적을 남한의 온실가스 감축 목표분으로 인정받는 것이다. 이 사업은 남북 관계가 개선되면 즉

---

106 CDM 사업은 온실가스 배출 감축 의무 부담 국가가 비의무 부담국에서 온실가스 배출 감축 사업을 시행해 달성한 실적을 자국의 감축 목표 달성으로 인정해 주는 제도다. 이 프로젝트가 가능한 분야는 발전 설비 개보수, 연료 전환, 노후화된 송배전 설비 개보수, 전기 조명 교체 등이다. 이유진, 「남북한 기후 변화 대응 협력방안 모색」, 『경기논단』 겨울호(2007):84~85.

시 추진할 수 있으며, 특히 북한이 2018년 이후 남북 간 교류 협력에서 강조했던 남북이 함께 윈윈할 수 있는 전형적인 형태다.

이 외에도 남북 당국 모두 온실가스 감축 의무가 있고, 이를 현실화하기 위해서는 에너지, 사육과 재배, 교통과 운송, 냉방과 난방 등 분야에서 탄소 제로 방식의 접근이 필요하다. 물론 혁신적인 기술 보급이 필수적이다.[107] 무엇보다 사회 전반의 인프라 확충, 에너지 관련 기반 시설 등 공공 부문에서 중장기적 투자가 필요한 경우가 많아 정부 간 협력적 접근이 중요하다.[108] 하지만 정부 간 협력은 우리가 이미 경험했듯이 정치적 상황에 많은 영향을 받으므로 지속성을 담보하기가 어렵다. 또한 현재와 같은 대북 제재 및 남북 관계 상황에서는 해결이 쉽지 않은 문제이므로 장기적 사업으로서 준비가 필요하다.

반면 당국 간 사업에 비해 민간 부문을 통한 남북 기후 위기 대응 방안 마련은 더 수월할 수 있다. 따라서 이에 대한 준비도 필요하다.

---

107   빌 게이츠, 『기후 재앙을 피하는 법』 참조.
108   명수정 외, 『한반도 기후 변화 대응을 위한 남북협력 기반 구축연구 Ⅲ』, 238면.

우선, 민간단체는 교류 협력 경험이 많다. 1990년대 중반부터 민간단체들은 30여 년간 협력 경험을 통해 남북의 동질성과 함께 차이점을 확인했다. 서로 무엇을 원하는지 파악했다는 점에서, 또한 이를 설득할 수 있는 논리가 준비되었다는 측면에서 소중한 자산이다.

둘째, 기후 위기 관련 사업을 추진해 봤다. 북한은 김정은 집권 이후 기후 위기 대응을 본격화했으나 이미 2000년부터 피해에 대해 인식하고 있었고, 이를 반영해 남한 민간단체들에 관련 사업을 제안해 진행한 경험이 있다. 앞서 살펴본 말라리아 공동 방역과 산림녹화 사업이 대표적이다. 아쉽게도 군사, 정치적 문제로 중단되었으나 이를 복원한다면 그간의 시행착오를 줄이며 이전보다 개선된 사업을 전개할 수 있다.

셋째, 북한은 다른 개발 도상국과 마찬가지로 기후 위기 피해가 직접적이고 크기 때문에 온실가스 감축보다는 피해를 줄일 수 있는 적응 중심 사업이 필요하다. 민간 차원의 기후 위기 대응 사업의 장점은 대규모 경협 프로젝트가 아니더라도 다양한 소규모 프로젝트를 구상할 수 있고, 이 프로그램들을 연계해 점진적으로 확대할 수 있다. 또한 북한의 기후 위기 적응을 돕는 사업은 기존에 민간단체가 추진했

던 분야와 대체로 연결되기 때문에 이를 적극적으로 활용할 수도 있다.

북한 입장에서도 약 30년간의 남북 교류 협력 역사는 수혜자가 제시할 자료가 무엇이고 어떻게 하면 자신들이 필요한 사업을 추진할 수 있는지 배우는 시간이었다. 김정은 집권 이후 이러한 교육의 결과가 국제 사회에 공개한 NC나 NDC, VNR와 같은 자국의 상황 보고서로 나타났다고 판단된다. 흥미롭게도 그 내용 속에는 북한 당국에 필요하고 북한이 요구하는 구체적인 사업들이 포함되어 있다.

이를 참고해 남북이 기후 위기에 대응할 수 있는 주요 교류 협력 사업 분야를 살펴본 결과, 식량 안보 및 농업, 보건의료, 산림, 소규모 재생 에너지, 식수, 재난 지원 등을 꼽을 수 있었다. 그리고 북민협 소속 65개 민간단체는 이미 이 분야를 특화하거나 구체화하면서 사업을 모색하고 있다.

민간단체가 현재까지 인식하고 있는 기후 위기의 영향과 대응 방안은 〈표 14〉와 같다. 이를 더욱 발전시키고 체계화하여 남북 교류 협력 사업이 실행될 수 있도록 지속적인 연구를 해나가야 한다.

이에 신선하고 참신한 아이디어로 기후 위기를 매개로 남북 교류 협력을 모색하면서 한반도의 평화와 지속 가능

주요 분야	기후 위기 영향	대응 방안
농업 (식량 안보)	• 홍수·폭우 등으로 농경지 침수, 산사태에 따른 토사 유출로 농경지 피해 • 가뭄으로 농업용수가 부족해 농작물 수확 감소 • 고온·폭염이 지속되면서 병해충 발생, 생육 기간 감소, 농작물 품질 저하 등 식량 생산 불안정	• 고온, 가뭄, 홍수, 병해충에 견딜 수 있는 종자 개량 및 새로운 품종 개발 • 변한 기후에 적응할 수 있는 선진 재배 기술 보급 • 기후의 영향을 최소화하는 기후 스마트 농업 도입 • 관개, 배수 시설 등 수자원 관리
보건	• 폭염, 한파 노출로 직접적인 건강과 안전 위협 • 고온으로 음식이 상해 감염병 및 식중독 확산 • 대기오염 호흡기 질환, 수인성 질병 발생 • 모기, 진드기 등 말라리아와 같은 매개체 감염병 증가	• 감염병, 호흡기 질환, 수인성 질병에 대처할 수 있는 보건 인프라 및 보건 인력 역량 강화 • 취약 계층의 건강 관리를 위한 영양 지원 • 매개체 전염병 감소를 위한 말라리아 방역
산림	• 산림 황폐화로 홍수, 가뭄, 병해충 발생 증가 • 식량난과 에너지난으로 인한 산림 훼손 • 산사태로 인한 토사 유출로 하천 범람 홍수 피해 악화 • 기후 변화 가속화로 나무의 생장에 영향, 생물 다양성 감소	• 산림 복구를 위한 양묘장 건설, 병해충 방제, 묘목 지원 • 임농 복합으로 조림지에 식량 또는 고부가 가치 작물 생산, 주민 혜택 • 난방, 취사용 땔감을 위한 나무 벌채를 막도록 에너지 문제 고려

주요 분야	기후 위기 영향	대응 방안
재생 에너지	• 전력 공급 불안정 및 송배전망 노후화 • 화석 연료를 대신해 온실가스 배출 감소에 기여	• 태양광 에너지는 규모가 작고 분산적이어서 전력 인프라가 취약한 북한에 적합한 대안 • 소규모 재생 에너지를 통해 난방, 취사, 조명 등 북한 주민의 시급한 에너지난 충족
식수 WASH	• 북한 수리 시설은 대부분 1980년대 이전에 설치되어 노후화 • 집에 수도 시설이 있는 가구는 절반 이하, 북한 주민 820만 명이 깨끗한 식수를 공급받지 못함 • 오염된 식수로 인해 5세 미만 아동의 사망 원인 중 하나인 설사를 비롯한 각종 수인성 전염병 증가	• 깨끗하고 안전한 물을 공급할 수 있는 식수원 확보 및 관정 설치, 각 가정에 식수 공급 • 위생 시설 설치를 통해 수질 오염을 막고, 식수 안정성 향상 • 식수를 관리하고, 위생 습관 개선을 위한 주민 교육 및 역량 강화
재난구호	• 홍수, 태풍 등 자연재해가 빈번하게 발생 • 사회적 인프라와 대응 역량이 떨어져 자연재해 피해가 더 크게 나타남	• 재난 구호 물자 지원 등 긴급 구호 활동 • 신속한 재난 대응을 위한 재난관리 인력 역량 강화 • 조기 예·경보 등 재난 대응 매뉴얼 작성

[표 14] 남북 기후 위기 영향 및 대응 방안. 출처: 월드비전 김혜영 정리 및 작성.

한 공동체 건설에 동참할 독자를 위해 〈부록〉에 북민협의 65개 민간단체 현황을 담았다. 이를 참고해 나에게 맞거나 함께할 민간단체를 찾을 수 있기를 기대한다.

대북 협력 민간단체 찾아보기

no.	단체명	설립	홈페이지	대표 사업	소속 분과
1	겨레사랑	2012	www.lokfoundation.org	인도적 지원, 교류 협력	일반구호 위원회
2	겨레살림 공동체	2008	kplc.kr	개발 협력, 문화 교류 협력	–
3	겨레의숲	2007	www.kcrc.or.kr	산림 교류 협력	농축산위원회, 환경산림 위원회
4	겨레하나	2004	www.krhana.org	교류 협력, 평화 통일 교육	일반구호 위원회, 보건의료 복지위원회
5	경남통일 농업협력회	2005	www.gntongil.org	농업 교류 협력, 긴급 구호, 인도적 지원	일반구호 위원회, 농축산위원회

no.	단체명	설립	홈페이지	대표 사업	소속 분과
6	광주광역시 남북교류 협의회	2006	gjnambuk.kr	인도적 지원, 긴급 구호, 교육 교류 협력, 산림 교류 협력	환경산림 위원회
7	구세군 대한본영	1865	www.salvationarmy.kr	산림 교류 협력, 인도적 지원, 개발 협력	일반구호 위원회, 보건의료 복지위원회
8	국제사랑 재단	2004	www.ilf2004.org	인도적 지원, 산림 교류 협력, 농업 교류 협력	일반구호 위원회, 환경산림 위원회
9	국제푸른 나무	2010	www.gti.or.kr	인도적 지원, 평화 통일 교육	일반구호위원회, 보건의료복지 위원회, 환경산림위원회
10	굿피플 인터내셔널	1999	www.goodpeople.or.kr	인도적 지원	보건의료복지 위원회
11	기후 변화 센터(아시아 녹화기구)	2008	www. climatechangecenter.kr	기후 변화 교류 협력, 산림 교류 협력	농축산위원회, 환경산림 위원회
12	나이스피플	2010	www. nicepeoplefoundation.kr	인도적 지원, 평화 통일 교육	일반구호위원회, 보건의료복지 위원회, 농축산위원회, 환경산림 위원회

no.	단체명	설립	홈페이지	대표 사업	소속 분과
13	남북강원도 협력협회	2000	www. xn--939at0g6vnnlj.org	산림 교류 협력	농축산위원회, 환경산림 위원회
14	남북경제 문화협력 재단	2004	interkorea.org	인도적 지원, 경제 문화 교류 협력	-
15	남북나눔	1993	sharing.net	인도적 지원, 개발 협력, 긴급 구호	일반구호 위원회, 환경산림 위원회
16	남북의료 협력재단	2006	www.nambukmedi.org	보건의료 교류 협력	보건의료복지 위원회
17	남북평화 재단	2007	www.snpeace.org	남북 평화 교류 협력	일반구호 위원회
18	남북함께 살기운동	2004	www.kltm.org	인도적 지원	일반구호 위원회, 보건의료복지 위원회, 환경산림위원회
19	남북협력 제주도민 운동본부	1999	-	농업 교류 협력	농축산위원회, 환경산림 위원회

no.	단체명	설립	홈페이지	대표 사업	소속 분과
20	뉴코리아	2016	-	-	보건의료복지 위원회, 환경산림 위원회
21	뉴호프 재활재단	2016	newhoperf.or.kr	보건의료 교류 협력	보건의료복지 위원회
22	대한결핵 협회	1953	www.knta.or.kr	보건의료 교류 협력	보건의료복지 위원회
23	대한물리 치료사협회	1965	www.kpta.co.kr	보건의료 교류 협력	일반구호 위원회, 보건의료복지 위원회
24	대한불교 조계종 민족공동체 추진본부	2000	unikorea.or.kr	종교 교류 협력, 인도적 지원, 평화 통일 교육	일반구호 위원회, 환경산림 위원회
25	대한예수교 장로회총회 도농사회처 (남북한선교 통일위원회)	1970	new.pck.or.kr	인도적 지원, 교류 협력	일반구호 위원회

no.	단체명	설립	홈페이지	대표 사업	소속 분과
26	동북아 교육문화 협력재단	1991	www.nafec.or.kr	교육 교류 협력, 인도적 지원	일반구호 위원회, 보건의료복지 위원회, 농축산 위원회, 환경산림 위원회
27	동북아 평화협력 네트워크	2021	na-pcn.com	인도적 지원, 교류 협력	일반구호 위원회, 환경산림 위원회
28	등대복지회	2004	lighthousekorea.org	인도적 지원, 보건의료 교류 협력	일반구호 위원회, 보건의료복지 위원회
29	따뜻한 한반도 사랑의연탄 나눔운동	2004	lovecoal.org	인도적 지원, 산림 교류 협력, 농업 교류 협력	일반구호 위원회, 환경산림 위원회
30	민족 사랑나눔	2004	www.minsana.or.kr	인도적 지원, 보건의료 교류 협력	일반구호 위원회, 보건의료복지 위원회, 농축산위원회, 환경산림위원회

no.	단체명	설립	홈페이지	대표 사업	소속 분과
31	민족통일협의회	1981	www.mintong.or.kr	인도적 지원, 평화 통일 교육	일반구호위원회
32	사랑광주리	2015	www.srbasket.org	인도적 지원, 경제 교류 협력	일반구호 위원회, 보건의료복지 위원회, 농축산위원회
33	샘복지재단	1997	www.samcare.org	인도적 지원, 보건의료 교류 협력	일반구호 위원회, 보건의료복지 위원회
34	서비스 포피스	2001	www.sfp.or.kr	인도적 지원, 산림 교류 협력	환경산림위원회
35	세계결핵 제로운동본부	2008	www.zerotb.net	인도적 지원	보건의료복지 위원회
36	세이브더 칠드런	1953	www.sc.or.kr	인도적 지원	보건의료복지 위원회, 환경산림위원회
37	써빙프렌즈 인터내셔널	2004	www.servingfriends.org	인도적 지원	일반구호 위원회, 농축산위원회
38	아태평화 교류협회	2019	www.apia.or.kr	인도적 지원, 교류 협력	일반구호 위원회, 보건의료복지 위원회, 농축산위원회, 환경산림위원회

no.	단체명	설립	홈페이지	대표 사업	소속 분과
39	어린이 어깨동무	1996	www.okfriend.org	보건의료 교류 협력, 교육 교류 협력, 개발 협력	일반구호 위원회, 보건의료복지 위원회
40	어린이 의약품 지원본부	1997	www.healthchild.org	보건의료 교류 협력	보건의료복지 위원회
41	우니타스	2016	www.peaceunitas.org	인도적 지원, 농업 교류 협력, 보건 의료 교류 협력	일반구호 위원회, 보건의료복지 위원회, 환경산림위원회
42	우리민족 서로돕기 운동	1996	ksm.or.kr	농축산 교류 협력, 개발 협력, 보건의료 교류 협력, 산림 교류 협력	일반구호 위원회, 보건의료복지 위원회, 농축산위원회, 환경산림위원회
43	원불교 은혜심기 운동본부	1990	won.or.kr	인도적 지원	일반구호위원회
44	월드비전	1955	www.worldvision.or.kr	농업 교류 협력, 인도적 지원, 개발 협력	일반구호 위원회, 보건의료복지 위원회, 농축산위원회

no.	단체명	설립	홈페이지	대표 사업	소속 분과
45	전남남북 교류평화 센터	2003	www.unijn.or.kr	교류 협력, 평화 통일 교육	일반구호 위원회, 보건의료복지 위원회, 농축산위원회
46	지구촌 공생회	2003	goodhands.or.kr	인도적 지원	일반구호위원회
47	초록우산 어린이재단	1948	www.childfund.or.kr	인도적 지원	일반구호 위원회, 보건의료복지 위원회, 농축산위원회
48	통일준비 네트워크	–	blog.naver.com/NBlogTop.naver?isHttpsRedirect=true&blogId=kuninet		
49	평화3000	2003	peace3000.net	인도적 지원, 사회 문화 교류 협력	일반구호위원회
50	평화누리	2010	goyangpeace.com	–	일반구호 위원회, 보건의료복지 위원회, 농축산위원회
51	평화와 통일을위한 연대	2009	cnpu.kr	산림 교류 협력, 평화 통일 교육	환경산림위원회
52	평화통일 불교협회	1992	www.bubta.co.kr	인도적 지원, 문화예술 교류 협력	일반구호위원회

no.	단체명	설립	홈페이지	대표 사업	소속 분과
53	하나누리	2007	www.hananuri.org	인도적 지원, 교류 협력, 개발 협력	일반구호 위원회, 보건의료복지 위원회, 농축산위원회, 환경산림위원회
54	하나 되는 길	2020	www.nkbp.org	보건의료 교류 협력, 교육 교류 협력, 농업 교류 협력, 산림 교류 협력, 경제문화 교류 협력	일반구호 위원회, 보건의료복지 위원회, 농축산위원회, 환경산림위원회
55	하나됨을 위한 늘푸른 삼천	2007	cafe.daum.net/ hana3000/_rec	산림 교류 협력, 보건의료 교류 협력	보건의료복지 위원회, 환경산림위원회
56	한겨레통일 문화재단	1996	koreahana.net	문화 교류 협력, 평화 통일 교육	농축산위원회, 환경산림위원회
57	한국YMCA 전국연맹	1844	www.ymcakorea.kr	인도적 지원, 긴급 구호, 산림 교류 협력	일반구호위원회
58	한국YWCA 연합회	1922	ywca.or.kr	인도적 지원, 평화 통일 교육	일반구호 위원회, 보건의료복지 위원회
59	한국건강 관리협회	1964	www.kahp.or.kr	보건의료 교류 협력	보건의료복지 위원회

no.	단체명	설립	홈페이지	대표 사업	소속 분과
60	한국국제기아대책기구	1989	www.kfhi.or.kr	인도적 지원, 개발 협력	일반구호위원회, 보건의료복지위원회, 농축산위원회, 환경산림위원회
61	한국대학생선교회	1958	www.kahp.or.kr	인도적 지원, 축산 교류 협력	농축산위원회
62	한국제이티에스	1993	www.jts.or.kr	인도적 지원	-
63	한민족복지재단	1991	hankorea.or.kr	인도적 지원, 농업 교류 협력, 보건의료 교류 협력	일반구호위원회, 보건의료복지위원회, 환경산림위원회
64	한반도 평화와 번영을 위한협력	2020	-	-	농축산위원회
65	함께나누는세상	2008	www.sharingtogether.or.kr	인도적 지원	일반구호위원회, 보건의료복지위원회

지은이

대북협력민간단체협의회 남북의 화해와 상호 협력, 민족 공동체 수립을 위한 대북인도개발 협력을 추진하는 60개 이상의 민간단체 협의체로 단체 간 상호 협력과 정보 교류를 목적으로 설립됐다. 인도적 지원과 개발 협력의 개발과 실행, 그리고 한반도의 지속 가능한 공동 발전을 위한 정책 개발과 거버넌스 구축 활동을 통해 남북의 평화, 공존, 공영을 위한 길을 만들어 가고자 한다.

엄주현 사단법인어린이의약품지원본부 사무처장. 2002년부터 평양 어린이영양관리연구소, 대동강구역병원, 철도성병원, 만경대 어린이종합병원 등 대북 보건의료 교류 협력 책임자로 20년 이상 활동 중이다. 2020년「북한 보건의료체계 구축 과정 연구」로 북한학 박사를 취득하였으며 통일 시대 의약품 안전관리 체계 구축 및 운영 방안 연구, 북한 보건의료 아카데미 개선 방안 연구 등을 수행했다.

기후 위기와 감염병으로 읽는
남북한 교류 협력 이야기

발행일 **2023년 3월 10일 초판 1쇄**

지은이   **대북협력민간단체협의회·엄주현**
발행인   **홍예빈·홍유진**
발행처   **주식회사 열린책들**

경기도 파주시 문발로 253 파주출판도시
전화 031-955-4000 팩스 031-955-4004
www.openbooks.co.kr